AF456364

INSTRUCTION

SUR

LE S^T. ROSAIRE,

A l'usage de l'Eglise paroissiale de Saint-Thomas d'Aquin.

A PARIS.

Se trouve,

A la Sacristie de la Paroisse Saint-Thomas d'Aquin.

M. DCCC. V.

INSTRUCTION

SUR

LE SAINT ROSAIRE,

A l'usage de l'Eglise paroissiale de Saint-Thomas d'Aquin (1).

SECTION PREMIÈRE.

En quoi consiste la dévotion du Rosaire; quel est son objet, sa fin, etc.

LE Rosaire est une manière particulière d'adorer Dieu et d'honorer la Sainte-Vierge, en priant et en méditant sur les principales circonstances de

(1) Cette Confrairie a été rétablie dans l'église paroissiale de Saint-Thomas d'Aquin, par ordonnance de Son Eminence Monseigneur le cardinal de Belloy, archevêque de Paris, datée du vingt-cinq avril 1805; en vertu d'un indult donné par Sa Sainteté Pie VII, pendant son séjour à Paris, en date du dix-neuf mars 1805, et a commencé ses exercices le 1er. juin de la même année.

la vie de Jésus-Christ, auxquelles sa sainte Mère a eu le plus de part.

Dès l'origne du Christianisme, les Fidèles s'assembloient pour prier en commun : ils unissoient, dit Tertulien, leur voix et leur cœur pour faire au ciel une douce et sainte violence ; car le Seigneur ne résiste point à des vœux que plusieurs personnes assemblées en son nom lui adressent. C'est dans cet esprit que la Confrairie du Rosaire a été instituée. Elle a encore une autre fin, qui est de renouveler la ferveur ralentie, et d'établir parmi les Chrétiens une communion spirituelle de prières et de bonnes œuvres, afin de se prêter un mutuel secours dans la voie du salut.

Le Saint Rosaire, bien approfondi, bien connu, n'est en lui-même que l'esprit du Christianisme, un précis de l'Evangile, l'abrégé de la Religion. C'est la dévotion propre à tous les Chrétiens ; c'est un livre ouvert à toutes sortes de personnes, aux plus simples comme aux plus parfaits, où chacun peut apprendre à s'élever à la plus haute perfection, en méditant, par une méthode aussi sûre que facile, les objets les plus intéressans que la Foi nous propose.

La Religion consiste sur-tout dans le culte spirituel qu'on rend à Dieu ; l'adoration et l'amour en sont les plus nobles parties ; et comme c'est du cœur de Jésus, et après lui du cœur de Marie; que la divine majesté a reçu les hommages les plus dignes de sa grandeur, on adore Dieu et on l'aime d'une manière d'autant plus parfaite, qu'on s'unit plus étroitement à Jésus-Christ et à Marie. Or, n'est-ce pas dans la dévotion du Rosaire qu'on trouve le plus excellent moyen de parvenir à cette union? Soit qu'on réfléchisse, comme elle en fait un devoir, sur les ineffables mystères du Sauveur pour se pénétrer de leur esprit, soit qu'on implore le secours de sa sainte Mère pour obtenir la grace d'entrer dans les sentimens dont elle fut toujours animée pour son Dieu.

La fin du Chrétien est d'accomplir l'œuvre de sa sanctification : pour y réussir, il faut qu'il contemple souvent les parfaits modèles sur lesquels se sont formés tous les saints; c'est ce qu'il fera de la manière la plus utile en embrassant la dévotion du Rosaire, qui lui met continuellement sous les yeux les principales vertus dont le plus saint de tous les fils et la plus pure de toutes les mères nous ont donné l'exemple. En fixant souvent ses regards sur Jésus et Marie, on s'humilie d'avoir avec eux si peu de ressemblance; on réclame avec ardeur le secours de la grace que le Sauveur nous a méritée; on sollicite avec confiance la protection que sa sainte mère est toujours prête à nous accorder; et malgré la foiblesse de la nature, on s'efforce de marcher sur leurs traces, infaillible moyen de se sanctifier et de croître toujours en vertu.

La dévotion du Rosaire est donc solide dans tous ses points, puisque son objet est d'adorer Dieu par J. C. en honorant Marie; et sa fin, de former de véritables Chrétiens par l'imitation des exemples de Jésus et de sa sainte Mère.

SECTION II.

De l'institution et des progrès de cette dévotion.

La dévotion du Rosaire est une des dévotions à la Sainte-Vierge des plus célèbres et des plus autorisées par l'Eglise; elle remonte au commencement du 13e. siècle, et elle doit son origine à Saint-Dominique, fondateur de l'Ordre des Frères Prêcheurs ou Dominicains, illustrés par un grand nombre de saints personnages, et principalement par Saint-Thomas d'Aquin, patron de cette église, que sa piété et sa science ont fait appeler le Docteur angélique.

Deux objets s'offrirent au zèle de St.-Dominique, l'hérésie des Albigeois qui ravageoit la partie méridionale de la France, et l'ignorance des Chrétiens, à peine instruits des principaux articles de la Foi. La prière vocale, jointe à la méditation des mystères de la Religion, furent les armes spirituelles qui le firent triompher de l'un et de l'autre. Tandis qu'il s'appliquoit à instruire les peuples, il attiroit sur ses travaux par la puissante médiation de la Sainte-Vierge dont il imploroit continuellement le secours, les plus abondantes bénédictions ; et c'est ainsi qu'à la faveur de la dévotion du Rosaire, cet Apôtre infatigable détruisit l'hérésie, confondit l'impiété, dissipa l'ignorance, rétablit le culte du vrai Dieu, fit cesser le vice, et combla l'Eglise de consolation. Ses succès furent si rapides et si prodigieux, le nombre de ceux qui se convertirent et qui abjurèrent leurs erreurs, fut si grand, que les Souverains Pontifes en ont parlé comme d'une merveille, et ont comblé d'éloges la dévotion du Rosaire. Dès qu'elle fut connue, on vit les villes, les provinces, les royaumes l'embrasser avec zèle. On ne doit donc pas être surpris si les plus grands saints, tels que les Philippe de Néri, les François de Borgia, les Thérèse, les Vincent de Paul, lui donnoient un rang distingué dans leurs exercices de piété. Saint-Charles Borromée, non content de l'honorer par son exemple, en établit la Confrairie dans sa Cathédrale. Saint-François de Sales, qui l'embrassa dès sa jeunesse, et qui y fut fidèle toute sa vie, en recommandoit fortement les pratiques. Beaucoup d'autres illustres prélats se sont fait gloire de marcher sur les traces de ces admirables modèles. Bossuet s'inscrivit aux registres de la Confrairie du Rosaire, le 10 août 1680. Vingt Souverains Pontifes, parmi lesquels se trouvent Saint Pie V, Benoist XIII, et Benoist XIV, ont honoré cette dévotion de magnifiques louanges, et décoré de glorieux priviléges.

Les plus puissans monarques, tels que Saint-Edouart, roi d'Angleterre, l'empereur Charles-Quint, Sigismond et Casimir, rois de Pologne, Saint-Louis, François Ier., Louis-le-Grand, rois de France, en faisoient une profession publique. Enfin les hommes apostoliques, les missionnaires les plus zélés, dans tous les lieux où la Providence les appeloit à annoncer l'Evangile, la recommandoient comme un moyen efficace pour bannir des ames l'empire du démon et du péché, et y substituer le règne de Jésus-Christ et de sa grace. Ainsi on peut dire avec justice que la dévotion du Rosaire est devenue la dévotion des pontifes, des rois, et de tous les peuples catholiques.

SECTION III.

Des avantages et des fruits de la dévotion du Rosaire.

Pour juger des grands avantages que procure

la dévotion du Rosaire, il suffit de considérer qu'en l'embrassant on trouve un moyen facile de s'avancer dans la connoissance de Jésus-Christ, qu'il importe si fort au Chrétien de bien connoître; et on acquiert un droit particulier à la protection de cette auguste Vierge, qui, en qualité de mère de Dieu, est, selon les saints docteurs, la dispensatrice de ses graces. Quelle confiance ne doit pas inspirer à celui qui desire sincèrement son salut, cette pensée, que Marie, toute-puissante auprès de Dieu, devenue sa protectrice spéciale, s'intéresse vivement à son sort? Nous ne parlerons point ici d'une multitude de bienfaits dans l'ordre même temporel que cette reine des cieux a souvent procurés à ses fidèles serviteurs dans la dévotion du Rosaire; il nous suffira de remarquer qu'ils sont presqu'innombrables, et non moins avérés qu'éclatans. Nous dirons cependant que ce fut indubitablement par son intercession réclamée dans tout l'univers par les confrères du Saint Rosaire, comme l'observent plusieurs Souverains Pontifes, que les Chrétiens remportèrent sur les Musulmans, le premier dimanche d'octobre 1571, la plus mémorable victoire qu'ils eussent encore gagnée; et on fut si persuadé qu'elle étoit due à la dévotion du Rosaire de la bienheureuse Vierge Marie, que le pape Grégoire XIII en fixa la principale solennité au premier dimanche d'octobre. C'est encore en mémoire de cette protection signalée que Marie dans cette circonstance accorda aux Chrétiens, que l'Eglise a ajouté aux Litanies ces paroles : *Auxilium christianorum.*

Mais de quels biens spirituels sur-tout cette dévotion n'est-elle pas la source? Persévérance des justes, conversion des pécheurs, graces pour le temps de la vie, graces pour le moment de la mort, graces même pour le temps qui suivra notre mort, on peut les attendre toutes avec confiance de cette dévotion, puisqu'une de ses principales pratiques est de les demander à Dieu par l'entremise de celle qu'il ne sauroit refuser. Quel secours plus efficace contre la langueur et le relâchement où entraîne insensiblement le poids de la nature, que cette émulation qui règne entre tous les membres de cette sainte société, pour s'animer mutuellement par leurs édifians exemples à la persévérance chrétienne, sans laquelle tout devient inutile, tout est perdu pour l'éternité ! Cette association en effet ne se borne pas à une piété stérile : son caractère propre est de porter ceux qui s'y engagent à la pratique des bonnes œuvres et des vertus chrétiennes, à copier pour cela le sublime modèle qu'elle leur propose dans cette incomparable Vierge, à qui ils font profession de rendre un culte particulier; à imiter sa pureté, son humilité, son détachement, sa patience, sa charité, sa douceur, toutes les vertus enfin dont elle a donné pendant sa vie de si beaux, de si continuels exemples.

Un des grands avantages que procure encore cette Sainte Confrairie, c'est de resserrer entre les membres qui la composent les liens de la Communion des Saints, et de former un trésor commun de bonnes œuvres et de mérites, que chacun des Associés peut regarder comme son propre bien. En travaillant pour l'avantage de tout le corps, bien loin qu'il ait à craindre de nuire à ses propres intérêts, il est assuré, au contraire, d'avoir une part d'autant plus abondante à toutes les bonnes œuvres des membres de l'association, qu'il leur sera lui-même plus utile. Il en est de ces pieuses Sociétés, par une sorte de comparaison, comme de celles que forment entr'eux les enfans du siècle pour leurs intérêts temporels où le profit pour chacun augmente en proportion de la somme qu'il a fournie. Dans les associations, disoit le Saint Evêque de Genève, *il y a tout à gagner et rien à perdre.*

Non-seulement elle contribue à la sanctification des vrais fidèles, mais encore à la conversion des pécheurs. Que de conversions éclatantes cette dévotion n'a-t-elle pas produites ? Les exemples s'en présentent en foule dans les ouvrages des auteurs qui les ont recueillis, et ces prodiges de grace n'ont rien d'incroyable, dès qu'on fait attention que Marie dont on implore sans cesse le secours, a porté dans son sein celui qui est venu sur la terre pour sauver les pécheurs, qu'elle se plaît à s'entendre appeler leur réfuge, que sa tendresse pour les hommes, et son zèle pour leur salut n'ont fait que recevoir dans le ciel de nouveaux accroissemens, et qu'elle trouve dans la grandeur du pouvoir dont elle jouit de quoi satisfaire pleinement les inclinations de son cœur. Quelle ressource un pécheur qui veut quitter enfin les voies de l'iniquité, ne trouve-t-il pas dans les prières, les gémissemens et les larmes de tant d'ames saintes, qui, comme autant de Marthes affligées, de Maries désolées, demandent instamment la résurrection de leur frère.

Tels sont les fruits heureux que produit cette association; aucuns des devoirs qu'elle impose qui ne tendent à éloigner les ames du péché et à les conserver dans la grace, puisqu'autrement on ne peut jouir des priviléges qui y sont attachés.

Source féconde de graces pendant la vie, cette dévotion ne sera pas moins utile au fidèle associé au moment de la mort. Le nom de Marie tant de fois invoqué, le souvenir de tant d'années passées à son service, les prières qu'il lui a si souvent adressées pour obtenir sa protection à son heure dernière, le rempliront de confiance; il obtiendra la force dont il a besoin pour résister aux derniers efforts des ennemis de son salut, et il quittera cette vie avec la douce espérance d'en retrouver une meilleure.

Et après même qu'il aura disparu de ce monde, que de secours puissans ne trouvera-t-il pas s'il en a encore besoin dans les Confrères qu'il aura laissés sur la terre?

Outre les derniers suffrages qu'il en recevra à ses funérailles, il peut compter sur toutes les prières et le mérite des bonnes œuvres de tous ceux qui composent l'association: et tandis qu'on ne pensera plus à lui ici-bas, ou qu'on ne lui donnera que des regrets inutiles à son bonheur, sa mémoire vivra dans le souvenir de ses chers associés, qui s'empresseront à lui ménager l'adoucissement de ses peines, et une prompte entrée dans le lieu de rafraîchissement, de lumière et de paix.

SECTION IV.

Indulgences accordées par les Souverains Pontifes aux associés du Saint Rosaire.

Indulgences partielles ou non plénières.

Il seroit difficile de donner un détail bien exact

de toutes les faveurs et indulgences partielles dont les Souverains Pontifes ont comblé cette Société ; il suffira de dire, 1o. que Benoist XIII a accordé à tous les Fidèles qui réciteront dévotement au moins la troisième partie du Rosaire, cent jours d'indulgences pour chaque Oraison dominicale, et chaque Salutation Angélique ;

2o. Qu'il y a cent jours d'indulgence accordés à ceux qui, à la fin de chaque dixaine, ajoutent le Verset : *Que les noms de Jésus et de Marie soient loués, maintenant et dans l'éternité ;*

3o. Que les associés qui visitent cinq autels dans l'église du Rosaire, ou cinq fois le même Autel, s'il n'y en a qu'un, gagnent toutes les Indulgences accordées à ceux qui font les stations de Rome ;

4o. Que les Confrères du Rosaire gagnent cent jours d'indulgences à chacune des œuvres de charité qu'ils exercent (Grégoire XIII, dans sa Bulle de 1578). Ces œuvres sont l'aumône, la visite des prisonniers et des malades, la consolation des affligés, l'instruction des ignorans dans les principes de la foi, etc. Ainsi tout Confrère du Rosaire, jaloux de ne rien perdre de ces graces, doit se proposer chaque jour de gagner toutes les indulgences que ses bonnes œuvres peuvent lui procurer, sans qu'il soit nécessaire d'y penser à chaque action méritoire qu'il fera dans la journée.

Indulgences Plénières.

Les Indulgences Plénières que les associés peuvent gagner, sont :

Premièrement. Indulgence Plénière pour ceux et celles qui, étant confessés et communiés, se font recevoir dans cette Sainte Confrairie.

Deuxièmement. Indulgence Plénière pour les associés du Rosaire qui, étant confessés et communiés, assisteront à la Procession qu'on fait aux fêtes des mystères du Rosaire, et le premier dimanche de chaque mois. Paul V, dans son Bref *Piorum hominum.*

Troisièmement. Indulgence Plénière pour lesdits associés qui, étant confessés et communiés, visiteront dévotement la chapelle du Rosaire, le premier dimanche de chaque mois, les fêtes des mystères du Rosaire et de la Sainte Vierge. Grégoire XIII dans son Bref *Ad augendam.*

Quatrièmement. Indulgence Plénière pour les Confrères malades, ou légitimement empêchés de visiter la chapelle du Rosaire aux jours susdits, pourvu que véritablement contrits, confessés et communiés, ils récitent la troisième partie du Rosaire. Sixte V dans le Bref *Dum ineffabilia.*

Cinquièmement. Indulgence Plénière à l'heure de la mort, pour tous les Confrères du Rosaire qui auront reçu le Sacrement de Pénitence et de l'Eucharistie, ou du moins, qui étant bien contrits, invoqueront de bouche ou de cœur le Saint Nom de Jésus. Saint Pie V dans le Bref *Consueverunt.*

Sixièmement. Indulgence Plénière pour le jour qu'on a choisi dans l'année pour réciter le Rosaire entier.

Septièmement. Indulgence Plénière accordée à ceux et celles qui communieront quinze samedis en l'honneur des quinze mystères du Rosaire.

Toutes ces Indulgences accordées en différens temps par divers Souverains Pontifes, ont été confirmées par Benoist XIV, dans sa Bulle du 16 décembre 1746, et peuvent être appliquées par manière de suffrage au soulagement des Fidèles trépassés. Clément X, dans le bref *Celestium munerum.*

Un Confrère du Rosaire est assuré de gagner ces Indulgences, s'il n'y met aucun empêchement par l'attache au péché, s'il fait les choses ci-dessus marquées, et s'il prie suivant l'intention des Papes pour l'exaltation de la Sainte Eglise, pour la destruction des Hérésies, et pour la paix entre les Princes chrétiens. Il suffit de réciter à ces intentions, *cinq Pater et cinq Ave.*

SECTION V.

Section V.

Devoirs des Associés du Saint Rosaire.

Pour pouvoir participer aux biens spirituels de la société du Rosaire, il faut, en s'y faisant recevoir, faire inscrire son nom dans les registres de cette Société. On peut, sans cette association, réciter avec fruit les prières qui composent le Rosaire; mais non pas prétendre aux graces, aux Indulgences et à tous les secours spirituels réservés pour ceux qui composent cette Société.

Premièrement. Avant de se faire recevoir, il faut se confesser et communier, sans cela on se priveroit de l'indulgence accordée pour l'entrée à cette Confrairie.

Deuxièmement. On doit réciter le Rosaire tout entier chaque semaine, en un ou plusieurs jours.

Troisièmement. Si on a la dévotion de concourir à rendre perpétuelle la récitation du Rosaire, on prend une heure dans l'année pour le réciter de suite tout entier.

Quatrièmement. On doit autant qu'il se peut assister à la procession du Rosaire, qui se fait les premiers dimanches du mois, et les fêtes des mystères du Rosaire,

Cinquièmement. On exhorte les Confrères à se confesser et à communier les premiers dimanches de chaque mois, et les jours auxquels on célèbre quelques mystères du Rosaire, pour ne pas se priver des Indulgences accordées pour ces jours.

Aucun de ces devoirs n'oblige sous peine de péché, mais ceux des Associés qui manqueraient à réciter le Rosaire dans le cours de la semaine, se priveroient des graces particulières accordées à cette pieuse Confrairie.

Sixièmement. Les Confrères dangereusement malades, se disposeront à recevoir l'absolution du Rosaire pour gagner l'Indulgence Plénière accordée à l'article de la mort.

La fête principale du Rosaire se célèbre tous les ans, le premier dimanche d'octobre ; mais lorsque ce jour sera empêché par la fête de Saint Denis elle sera remise au troisième dimanche.

Les jours des mystères du Rosaire sont pour les mystères joyeux :

Le 25 mars, jour de l'Annonciation.

Le 2 juillet, jour de la Visitation.

Le 25 décembre, jour de Noël.

Le dimanche dans l'Octave de l'Epiphanie.

Le 2 février, jour de la Purification.

Pour les mystères douloureux :

Les vendredi des 1re, 2e, 3e, 4e, 5e semaines de Carême.

Pour les mystères glorieux :

Le Saint jour de Pâques.

Le jour de l'Ascension.

Le jour de la Pentecôte.

Le 15 août, fête de l'Assomption.

Le dimanche dans l'octave de cette Fête.

Pour former un point de réunion, et une communication de prières entre tous ceux qui composent l'association établie dans cette Eglise, 1°. tous les dimanches, tous les jours de mystères et autres Fêtes solennelles de l'année, on récitera publiquement, à l'issue de l'Office du soir, une des parties du Rosaire, devant l'Autel de la Sainte Vierge.

2°. Tous les premiers dimanches de chaque mois et les Fêtes des mystères du Rosaire, il sera célébré, à neuf heures, à l'Autel de la Sainte Vierge, une Messe à l'intention des Associés vivans, à laquelle on les engage tous à réunir leurs prières et communions pour y gagner l'Indulgence plénière.

3°. Ces mêmes jours, à l'issue de l'Office, se fera la Procession dont il a été parlé à l'article quatrième.

4°. Le premier jour libre après celui où l'on aura célébré un des mystères du Rosaire, il y aura une messe à neuf heures pour tous les Associés décédés.

5°. Aussitôt qu'on aura connoissance de la mort d'un des Associés on en informera tous les membres de l'Association, en leur indiquant le jour où l'on célébrera une messe pour le repos de son ame, et en les invitant à faire une communion dans le mois, à la même intention.

6°. Tous les ans, le premier jour libre après la fête du Rosaire, on célébrera un service solennel pour tous les associés morts, et spécialement pour ceux qui seront décédés dans le cours de l'année.

7°. On ne peut trop exhorter les associés à exercer mutuellement entr'eux les œuvres de miséricorde, à soulager les pauvres, à visiter et à consoler les malades, et à les disposer à recevoir avec fruit les derniers Sacremens de l'Eglise. Ceux et celles qui desireront se livrer à ces importantes fonctions, sont priés de se faire connoître, afin qu'on puisse en temps et lieux leur désigner les objets de leur zèle.

SECTION VI.

Des Prières dont le Rosaire est composé.

Le Rosaire est composé de quinze *Pater* et de cent cinquante *Ave Maria*, divisés en quinze dixaines, pour honorer Jésus-Christ et sa Sainte Mère ; par le souvenir des quinze principaux mystères de notre Seigneur, auxquels Marie a eu quelque part. On médite un de ces mystères de notre rédemption à chacune de ces dixaines. On les divise en trois classes, dont chacune renferme cinq de ces mystères, savoir : cinq mystères joyeux, cinq mystères douloureux, et cinq mystères glorieux.

Les cinq mystères joyeux sont :

L'Annonciation,

La Visitation,

La Naissance de Jésus-Christ,

La Présentation de Jésus-Christ au Temple,

Jésus retrouvé dans le Temple au milieu des docteurs,

Les cinq mystères douloureux sont :

Jésus agonisant au jardin des Olives,

Jésus flagellé,

Jésus couronné d'épines,

Jésus portant sa croix,

Jésus crucifié,

Les cinq mystères glorieux sont :

La Résurrection de notre Seigneur J.-C,

Son Ascension,

La Descente du Saint-Esprit,

L'Assomption de la Sainte-Vierge dans le ciel,

Son Couronnement dans la gloire.

La distribution de ces mystères et de ces dixaines est facile; elle est à la portée des plus simples ; tout le monde sait ces prières, et connoît ces mystères. Elle est utile : on prie des heures entières sans peine et avec fruit, en rappelant les objets les plus intéressans de la Foi, elle est sublime ; l'ame s'y élève à la contemplation de tout ce qu'il y a de plus grand dans la Religion.

En effet, le Rosaire est le livre de la naissance, de la vie, de la passion, et de la gloire de J.-C. ; c'est l'abrégé de l'Evangile. On apprend dans les mystères joyeux l'excessive charité d'un Dieu qui a donné son fils au monde : l'amour incompréhensible de Jésus-Christ envers les hommes ; son ardeur à opérer notre salut ; ce qu'il a fait pour nous, et ce que nous devons faire pour lui. On s'y détache des richesses, des plaisirs, et des biens de ce monde, que Jésus-Christ a méprisés ; on y connoît combien on doit aimer l'humilité, la pauvreté, l'obéissance, et les autres vertus qui ont fait les délices de Jésus et la gloire de Marie.

Par les mystères douloureux, on comprend quelle est la malice du péché, quelle horreur nous devons en concevoir, quels châtimens il mérite, et quelle vengeance Dieu tirera des pécheurs, puisque Jésus-Christ, qui n'en avoit que l'apparence, a été traité avec tant de rigueurs, et qu'il a souffert tant et de si ignominieux supplices pour appaiser sa colère. Par conséquent, les peines et les afflictions de cette vie, ne sont que de légers châtimens, en égard à l'énormité de nos crimes. Il faut donc les souffrir toutes avec patience, et les recevoir de la main de Dieu comme des pénitences très-salutaires.

Les mystères glorieux nous font connoître les biens et la gloire que J. C. a préparés dans le Ciel, pour ceux qui l'imitent sur la terre; le bonheur d'une ame vraiment ressuscitée par la grace du Saint-Esprit, l'inébranlable fondement de notre espérance, Jésus dans le Ciel comme notre Pontife, notre Frère, notre Avocat, notre médiateur, et la confiance avec laquelle nous devons nous adresser à Marie, Mère de Dieu, Reine du Ciel, et dispensatrice des graces.

Par le Saint Rosaire, nous prions Dieu, ainsi que J. C. le desire de ses Disciples. Nous demandons tout ce que nous pouvons demander pour la gloire de Dieu, pour nous et pour le prochain, pour le temps et pour l'éternité.

Section VII.

Manière de réciter le Rosaire.

Prière avant la récitation du Rosaire.

Nous vous offrons, Seigneur, le Saint Rosaire que nous allons réciter, en union des prières que J. C. votre cher Fils et sa Sainte Mère vous ont faites, et que tous les fidèles Associés à cette dévotion, vous font encore sur la terre, pour honorer les grands mystères de notre salut : daignez éclairer nos esprits, toucher nos cœurs, nous inspirer un ardent desir de pratiquer les vertus qu'ils renferment, et nous accorder par eux tous les secours dont nous avons besoin. Nous vous l'offrons aussi (*si c'est la première partie*) pour l'Eglise universelle, pour l'Eglise de France en particulier, pour la propagation de la Foi et la destruction de l'impiété (*chacun peut ici demander quelque grace particulière dont il sent qu'il a le plus besoin*). Nous vous l'offrons (*si c'est la seconde partie*) pour la conversion des hérétiques, des schismatiques et des pécheurs, pour la persévérance des Justes, et pour le soulagement des ames du purgatoire.

Nous vous l'offrons (*si c'est la troisième partie*) pour les affligés, les malades, les captifs

et

et les agonisans, et pour tous ceux dont nous avons coutume de nous souvenir en récitant le Rosaire.

Vierge Sainte, c'est pour vous honorer, pour remercier Dieu des faveurs qu'il vous a faites, et pour obtenir votre puissante médiation que nous réciterons ce Rosaire.

Au nom du Père, et du Fils et du Saint-Esprit.

Faisons notre profession de foi en récitant le *Credo*; rendons hommage à la Très-Sainte-Trinité, et saluons Marie comme Fille du Père, comme Mère du Fils, et comme Epouse du Saint-Esprit, en récitant un *Pater* et trois *Ave*.

Je crois en Dieu le Père tout-puissant, créateur du ciel et de la terre, et en Jésus-Christ, son fils unique, etc.

Notre Père qui êtes aux cieux, que votre nom soit sanctifié, que votre règne arrive, etc.

Je vous salue Marie pleine de grace, le Seigneur est avec vous, vous êtes bénie entre, etc., trois fois.

V. Gloire au Père, au Fils, et au Saint-Esprit.

R. Comme elle étoit au commencement, maintenant et toujours, et dans les siècles des siècles. Ainsi soit-il.

V. Que les noms de Jésus et Marie soient loués.

R. Maintenant et dans l'éternité.

PREMIÈRE PARTIE DU ROSAIRE.

Mystères Joyeux.

PREMIER MYSTÈRE. *L'Annonciation et l'Incarnation du Fils de Dieu.*

Nous vous offrons, Seigneur Jésus, cette première dixaine en l'honneur de votre incarnation dans le sein de Marie. Puisque vous vous anéantissez dans ce mystère, et qu'en prenant la forme de l'esclave, vous devenez semblable à moi, faites que, pour vous plaire, je m'applique à me rendre semblable à vous.

Vierge Sainte, qui, élevée à la dignité de mère de Dieu, ne vous considérez que comme son humble servante, obtenez-moi par votre intercession, une profonde humilité. Notre Père, etc.; et dix fois, Je vous salue Marie, etc.

V. Gloire soit au Père, au Fils, au Saint-Esprit.

R. Comme elle étoit au commencement, maintenant et toujours, et dans les siècles des siècles.

Graces du mystère de l'incarnation, descendez dans nos ames.

V. Que les noms de Jésus et Marie soient loués,

R. Maintenant et dans l'éternité.

SECOND MYSTÈRE. *La Visitation.*

Nous vous offrons, Seigneur Jésus, cette seconde dixaine, en mémoire de la visite dont Marie honora Sainte Élisabeth, et de la Sanctification que votre présence opéra dans Saint-Jean-Baptiste. Venez visiter mon ame, ô adorable Sauveur, pour la purifier et la remplir de votre Grace.

Vierge Sainte, obtenez-moi la grace de sanctifier mes obligations les plus communes, par le desir de plaire à Dieu, et de rendre au prochain tous les services qui dépendront de moi, par le motif d'une sincère charité.

Notre Père, etc. ; dix fois, Je vous salue Marie.

V. Gloire soit, etc.

R. Comme elle étoit, etc. Et qu'elle soit telle, etc.

Graces du mystère de la Visitation, descendez dans nos ames.

Que les noms de Jésus, etc.

TROISIÈME MYSTÈRE. *La naissance de Jésus-Christ.*

Nous vous offrons, Seigneur Jésus, cette troisième dixaine en l'honneur de votre naissance dans l'étable de Béthléem ! Vous ne vous êtes rendu pauvre que pour nous enrichir, ô mon divin Sauveur ; faites que, méprisant les faux biens, nous n'estimions que les véritables richesses. Vierge Sainte, obtenez nous par votre intercession le détachement des biens du monde, et l'amour de la pauvreté.

Notre Père, etc. ; dix fois, Je vous salue Marie.

Les versets comme ci-dessus.

Graces du mystère de la naissance de Jésus, descendez dans nos ames.

QUATRIÈME MYSTÈRE. *La Présentation de Jésus-Christ au Temple, et la Purification de la Sainte-Vierge.*

Nous vous offrons, Seigneur Jésus, cette quatrième dixaine en l'honneur de votre Présentation au Temple, et de la Purification de Marie.

Vous paroissez dans le Temple, pour y ratifier solennellement l'offrande que vous aviez faite de vous-même, à votre père, en entrant dans le monde ; faites que je m'offre avec vous, divin Sauveur, pour accomplir fidèlement toutes ses volontés.

Vierge Sainte, qui vous êtes soumise à la loi de la Purification, qui n'étoit pas faite pour vous, obtenez-moi par votre intercession, la vertu d'obéissance.

Notre Père, etc. ; dix fois, Je vous salue Marie.

Les versets comme ci-dessus.

Graces du mystère de la Présentation de Jésus,

et de la Purification de Marie, descendez dans nos ames.

Cinquième mystère. *Jésus retrouvé dans le Temple.*

Nous vous offrons, Seigneur Jésus, cette cinquième dixaine pour honorer l'ineffable consolation dont vous comblâtes Marie, quand elle vous retrouva dans le Temple; faites par votre grace, que je ne m'expose jamais au malheur de vous perdre; et que si je vous ai perdu par le péché, je vous retrouve par la pénitence.

Vierge Sainte, si j'étois assez infidèle pour me séparer de Jésus, obtenez-moi, pour le retrouver, cet empressement tendre et persévérant, qui vous rendit le fils que vous aviez perdu.

Notre Père, etc.; dix fois, Je vous salue Marie.

Les versets comme ci-dessus.

Graces du mystère de Jésus retrouvé par Marie, descendez dans nos ames.

SECONDE PARTIE DU ROSAIRE.

Mystères douloureux.

Premier mystère. *Jésus-Christ au jardin des Olives.*

Nous vous offrons, Seigneur Jésus, cette sixième dixaine en l'honneur de votre Agonie au jardin des Olives. Pénétrez-moi, ô mon Dieu! de cette vive douleur que vous ont causé mes péchés, et que je les pleure, s'il se peut comme vous, avec des larmes de sang.

O mère de douleur! si parfaitement soumise aux desseins de Dieu, sur votre cher fils dans tout le cours de sa Passion, obtenez-moi une parfaite résignation aux châtimens miséricordieux de la justice divine.

Notre Père, etc.; dix fois, Je vous salue Marie.

Les versets comme ci-dessus.

Graces du mystère de l'Agonie de Jésus, descendez dans nos ames.

SECOND MYSTÈRE. *La flagellation.*

Nous vous offrons, Seigneur Jésus, cette septième dixaine, en l'honneur de votre sanglante flagellation. Que votre inaltérable douceur, au milieu des plus indignes traitemens, étouffe désormais mes ressentimens et mes vengeances.

O Marie, dont le cœur a si vivement ressenti les cruautés exercées contre cette chair innocente, obtenez-moi la patience dans les maux et les adversités.

Notre Père, etc.; dix fois, Je vous salue Marie.

Les versets comme ci-dessus.

Graces du mystère de la flagellation de Jésus, descendez dans nos ames.

Troisième mystère. *Le couronnement d'épines.*

Nous vous offrons, Seigneur Jésus, cette huitième dixaine en l'honneur de votre couronnement d'épines. O Roi immortel des siècles, dont le front adorable est ceint d'un diadême de douleur, mon amour éclairé par ma foi reconnoît en vous son Seigneur et son Dieu ; mais quand je vous vois couronné d'épines, pourrai-je encore me traiter avec délicatesse ?

Vierge sainte, qui avez partagé les ignominies et les douleurs de cet Homme-Dieu, demandez-lui pour moi le courage de pratiquer constamment la mortification.

Notre Père, etc.; dix fois, Je vous salue Marie.

Les versets comme ci-dessus.

Graces du mystère du couronnement d'épines, descendez dans nos ames.

Quatrième mystère. *Jésus portant sa Croix.*

Nous vous offrons, Seigneur Jésus, cette neuvième dixaine, pour vous honorer, chargé du pesant fardeau de votre Croix. Vous montez au Calvaire, ô divin Sauveur, succombant sous le faix de l'instrument de votre supplice, sans que presque personne en paroisse touché de compassion. Ah! ne permettez pas que mon cœur soit plus long-temps insensible à vos souffrances, et faites que je porte généreusement ma croix à votre suite.

Vierge sainte, dont l'amour auroit voulu épargner à ce Fils adorable tout ce que vous lui voyiez souffrir ; obtenez-moi la grace de compatir sincèrement à toutes les afflictions de mes frères.

Notre Père, etc. ; dix fois, Je vous salue Marie.

Les versets comme ci-dessus.

Graces du mystère de Jésus portant sa Croix, descendez dans nos ames.

CINQUIÈME MYSTÈRE. *Le crucifiement.*

Nous vous offrons, Seigneur Jésus, cette dixième dixaine en l'honneur du mystère de votre crucifiement et de votre mort ignominieuse sur le calvaire. Faites, ô mon Dieu, que tandis que vous mourez pour me donner la vie, ma vie soit une expression fidèle de votre mort !

O Vierge sainte! mère de douleur! obtenez-moi de mourir dans l'amour de celui que l'amour immole pour moi sur l'arbre de la croix.

Notre Père, etc. ; dix fois, Je vous salue Marie.

Les versets comme ci-dessus.

Graces du mystère de Jésus crucifié, descendez dans nos ames.

TROISIÈME PARTIE DU ROSAIRE.

Mystères glorieux.

PREMIER MYSTÈRE. *La Résurrection de J.-C.*

Nous vous offrons, Seigneur Jésus, cette onzième dixaine en l'honneur de votre résurrection glorieuse. O mon Dieu ! affermissez ma foi, et rendez la vive et agissante par la pratique des œuvres qui montrent ma résurrection à la grace. Vierge sainte, obtenez, par votre intercession, que mon ame sorte du tombeau du péché, et qu'elle ressuscite avec Jésus-Christ votre fils par une véritable et sincère conversion.

Notre Père, etc.; dix fois, Je vous salue Marie.

Les versets comme ci-dessus.

Graces du mystère de la résurrection de Jésus, descendez dans nos ames.

SECOND MYSTÈRE. *L'Ascension de Jésus-Christ.*

Nous vous offrons, Seigneur Jésus, cette douzième dixaine en l'honneur de votre ascension triomphante. O Roi de gloire, détachez-moi de ce monde, et attirez mon cœur à vous, puisque vous êtes seul mon trésor.

O la plus heureuse des mères! votre fils emporte

avec lui dans le ciel toutes vos affections, tous vos desirs; qu'à votre exemple j'oublie tous les biens de la terre pour ne m'occuper que des biens du ciel.

Notre Père, etc.; dix fois, Je vous salue Marie.

Les versets comme ci-dessus.

Graces du mystère de l'Ascension de Jésus, descendez dans nos ames.

Troisième mystère. *La Pentecôte.*

Nous vous offrons, Seigneur Jésus, cette treizième dixaine en l'honneur de la descente du Saint-Esprit sur les Apôtres.

O Jésus qui avez envoyé votre divin Esprit pour établir sur la terre le règne de la charité et de la grace, faites que son feu sacré me purifie, et consume en moi tout ce qui peut vous déplaire.

Digne épouse de ce divin Ésprit, faites par votre intercession que mon cœur lui soit à jamais consacré; que je fuie le monde qui est son ennemi, et que le recueillement, la prière, et la retraite, me tiennent toujours prêt à suivre ses saintes inspirations.

Notre Père, etc.; dix fois, Je vous salue Marie.

Les versets comme ci-dessus.

Graces de la descente du Saint-Esprit, descendez dans nos ames.

QUATRIÈME MYSTÈRE. *L'Assomption de la Sainte-Vierge.*

Nous vous offrons, Seigneur Jésus, cette quatorzième dixaine en l'honneur de la glorieuse Assomption de votre sainte Mère dans le ciel. Dégagez-moi, ô mon Dieu, de la servitude de ce corps périssable, qui appesantit mon ame, et élevez-moi jusqu'à vous par le doux et puissant attrait de votre grace.

O Mère de mon Sauveur, en qui j'ai mis après Dieu toute mon espérance, obtenez-moi de demeurer inviolablement attaché à votre divin Fils, et de sacrifier généreusement tout ce qui s'opposeroit à la parfaite union de mon cœur avec lui.

Notre Père, etc.; dix fois, Je vous salue Marie.

Les versets comme ci-dessus.

Graces du mystère de l'Assomption de Marie, descendez dans nos ames.

CINQUIÈME MYSTÈRE. *Le couronnement de Marie.*

Nous vous offrons, Seigneur Jésus, cette quinzième dixaine en l'honneur du glorieux couronnement de Marie. Cette couronne de gloire dont vous ceignez le front de votre auguste Mère, est aussi une couronne de justice, et la récompense des vertus qu'elle a pratiquées dans le plus haut degré de perfection. Accordez-moi en vue de ses mérites le don inestimable de la persévérance, qui doit assurer mon bonheur.

Reine du ciel et de la terre, et la dispensatrice des trésors célestes, jetez sur moi un regard favorable ; aidez-moi à travailler constamment à imiter vos vertus, et à mériter par une sainte mort la possession de mon Dieu pendant l'éternité.

Notre Père, etc.; dix fois, Je vous salue Marie.

Graces du mystère du couronnement de Marie, descendez dans nos ames.

Les versets comme ci-dessus.

Prière après la récitation du Saint Rosaire, ou après chaque partie, quand on les récite séparément.

O Dieu tout-puissant! dont le Fils unique nous a mérité le salut éternel, par les mystères de sa vie, que nous honorons dans le Saint Rosaire de la bienheureuse Vierge sa Mère, faites-moi la grace d'en conserver sans cesse le souvenir, en les méditant comme elle au fond de mon cœur; d'imiter les grands exemples que nous y donnent Jésus et Marie, ces modèles si parfaits, pour nous rendre dignes de vos complaisances et de vos faveurs ici-bas, et de votre éternelle récompense dans le ciel. *Ainsi-soit-il.*

FORMULE d'absolution ou d'indulgence plénière que le Confesseur accorde à l'article de la mort aux Confrères du Rosaire, après les avoir confessés et absous.

DICTO *Confiteor* ab infirmo, si potest, vel ab aliis, et devotè invocato nomine Jesu, ore vel corde, Confessarius dicat : *Misereatur*, etc., et *Indulgentiam*, etc., deinde subjungat.

Dominus noster Jesus-Christus, Filius Dei vivi qui B. Petro apostolo suo, dedit potestatem ligandi atque solvendi, per suam piissimam misericordiam recipiat confessionem tuam : et remittat tibi omnia peccata quæcumque, et quomodocumque in toto vitæ de cursu commisisti, de quibus corde contritus et ore confessus es : restituens tibi stolam primam quam in baptismate recepisti : et per indulgentiam plenariam a summis pontificibus Innocentio VIII et B. Pio V, confratribus sacratissimi Rosarii in articulo mortis constitutis concessam liberet te a præsentis ac futuræ vitæ miseriis. Dignetur purgatorii cruciatus remittere, portas inferi claudere, paradisi januam aperire, teque ad gaudia sempiterna perducere, per sacratissima suæ vitæ passionis et glorificationis mysteria sanctissimo Rosario comprehensa, qui cum Patre et Spíritus Sancto Deus unusvivit et regnat in sæculâ sæculorum. Amen.

Ant. Maria, Mater gratiæ, Mater misericordiæ, hunc ab hoste protege, et horâ mortis suscipe.

V. Ora pro eo sancta Dei genitrix.

R. Ut dignus efficiatur promissionibus Christi.

OREMUS.

Defende, quæsumus, Domine, beatâ Mariâ semper Virgine intercedente istam ab omni adversitate creaturam tuam, et toto corde prostratam, ab hostium tuere clementer insidiis per Christum Dominum nostrum. R. Amen.

In omni tribulatione et angustiâ succurat tibi pia Virgo. In nomine Patris et Filii et Spiritûs Sancti. Amen.

LA FETE DU S. ROSAIRE DE LA S.TE VIERGE

GRAND SOLEMNEL

AUX I. VESPRES.

Pseaumes du Samedi

Ant. Une Vierge concevra et enfantera un fils qui sera appellé Emmanuel.	Ant. Ecce Virgo concipiet, et pariet filium et vocabitur nomen ejus Emmanuel. Is. 7.
Ant. Il sera mené à la mort comme une brebis qu'on va egorger: il demeurera dans le silence sans ouvrir la bouche, comme un agneau est muet devant celui qui le tond.	Ant. Sicut ovis ad occisionem ducetur: et quasi agnus coram tondente se obmutescet, et non aperiet os suum. Is. 50.
Ant. S'il livre son ame pour le péché,	Ant. Si posuerit pro peccato animam

suum. Videbit semen longævum. justificabit ipse justus multos, et iniquitates eorum ipse portabit: ideò dispertiam ei plurimos, et fortium dividet spolia. Is. 53

il verra sa race durée long temps. étant juste, il rendra la justice à un grand nombre d'hommes, et il portera sur lui leurs iniquités: c'est pourquoi je lui donnerai pour partage une multitude de personnes et il distribuera les dépouilles des forts.

Ant. in die illa erit Radix Jessé qui stat in signum populorum: ipsum Gentes deprecabuntur, et erit sepulchrum ejus Gloriosum. Is. 11.

Ant. En ce jour là le rejetton de Jessé sera exposé comme un étendart devant tous les peuples: les nations viendront lui offrir leurs prières et son sépulchre sera Glorieux.

Ant. Multiplicabitur ejus imperium, et pacis non erit finis. super solium David, et super regnum ejus sedebit: ut confirmet illud, et corroboret, in judicio et

Ant. Son empire s'étendra de plus en plus, et la paix qu'il établira n'aura point de fin il s'asseyera sur le trone de David, et il possedera son Royaume pour

l'affermir et le fortifiée dans l'équité et la justice, depuis ce temps jusques à jamais.	justitiâ, à modo et usque in sempiternum. Is. 9.

Capitule. Mich. 5.

Devons sortira celui qui doit régner dans israel, dont la Génération est dès le commencement, dès l'éternité. c'est pour cela que Dieu laissera son peuple en captivité, jusqu'au temps où celle qui doit enfanter enfantera; et ceux de ses freres qui seront restés se convertiront et se réuniront aux enfans d'israel. c'est lui qui sera notre paix	Egredietur qui sit dominator in israel; et egressus ejus ab initio, a diebus æternitatis. propter hoc dabit eos usque ad tempus in quo parturiens pariet, et reliquiæ fratrum ejus convertentur ad filios israel. et erit iste pax.
℟. Rendons Grace à Dieu.	℟. Deo gratias.
℟. le Dragon s'arrêta devant la femme qui devoit enfanter un fils qui devoit Gouverner toutes les Nations:	℟. Ecce Draco Stetit ante mulierem, quæ erat pariture filium qui recturus erat omnes Gentes:* et pro-

jectus est draco ille magnus, serpens antiquus, qui seducit universum orbem. ℣. Per manum fœminæ percussit illum Dominus Deus noster. * et projectus est draco ille magnus. Gloria Patri. * et projectus est draco ille magnus. Apoc. 12. Judit. 13.

* et ce grand dragon cet ancien serpent, qui seduit tout le monde fut precipité. ℣ par la main d'une femme le seigneur notre Dieu a détruit l'ennemi de son peuple. * et ce grand dragon. Gloire au Pere. * et ce grand dragon.

Hymne.

Ecquis Mariæ proximus astitit,
illapsus almo luminine nuncius?
Gaudéte, mortales: propinquam
inchoat illa dies salutem.

Jam Virgo foetûs conscia, quo rapit
Divinus ardor, fert hominem Deum:
sensit Joannes, hospitem que
Egrégius veneratur index.

Quel est ce messager glorieux qui se présente à Marie? une lumiere celeste l'environne. Mortels, livrez vous aux transports de la joie: ce grand jour commence votre salut.

Déja pleine du Dieu qu'elle porte dans ses chastes flancs, Marie vole où la conduit une sainte ardeur: du sein de sa mere, Jean reconnoit le Messie, et tressaille à la présence du Maitre qui vient le visiter.

Enfin les temps sont accomplis fidele à ses promesses, le verbe vient au monde qu'il doit sauver. Verbe incarné, Daignez encore naître dans nos coeurs.

Luxère tandem tempora patribus; promissa: mundo victima nescerio, Ô christe, nos te fac precamur, pectoribus peperisse nostris.

Quelle cérémonie nouvelle s'apprête dans le temple ? c'est Jesus christ qui s'offre à son Pere. Marie offre son fils à Dieu, et se soumet avec une sainte résignation aux tourmens qu'on lui annonce.

Ac pompa templo quæ subiit ? Patri senempé verbum, Virgoque filium litat, Sacerdos, et dolores aure bibit docili futuros.

Cependant Jesus christ s'écarte de sa mere, et se dérobe à ses soins inquiets: tendre mere, bannissez vos allarmes; ce fils que vous chérissez s'occupe maintenant à accomplir la volonté de son Pere.

Infans parenti se tamen anxiæ subducit ultro: parce tuum, pia lugére mater; jussa magni Exequitur veneranda patris.

Les Viellards et les Docteurs s'empres.

Astant, frequenti concilio, senes —

Quos ille verbo justi-	-sent pour l'entendre.
-tium docet	il leur prechela jus-
Magister; ambages-	tice avec l'autorité
que legis	d'un maître: il dé ve-
Attonitis animis re-	loppe à leurs yeux
solvit.	interdits les points
	les plus obscurs de
	la loi.
Laus summa Pa-	Gloire au Pere qui
tri qui creat omnia,	a tout crée: Gloire
Natoque mundum qui	au fils qui nous a
reparat cruce:	rachetés par la croix:
quo virgo mater fons	Gloire au Saint Es-
amoris,	prit, par l'opérati-
laus quoque sit tibi	on du quel un Vierge
summa flamen.	est devenu mere.
amen.	Ainsi soit il
V. Homo et homo	un homme illus-
natus est in eâ: R. et	tre est né d'elle: R. et
ipse fundavit eam	le très haut lui même
altissimus. Ps. 86	la fondée.

Ad Magnificat.

Ant. Benedicta	Ant. Vous etes be-
tu à Deo tuo in om-	nie de votre Dieu
ni tabernaculo Jacob;	dans toute la mai-
quoniam in omni	son de Jacob; par-
gente quæ audie-	ceque le Dieu d'Israel
rit nomen tuum,	sera pour jamais
magnificabitur su-	Glorifié en vous par
per te Deus tuus.	mi tous les peuples
Judith. 13	qui entendront par-

ler de votre nom.

L'Oraison de la Messe.
Ensuite on fait mémoire du Samedi avant le Dimanche occurent.

A COMPLIES.

Pseaumes du Samedi.

Ant. Revetez-vous de la beauté, et de l'honneur que vous départ le Dieu de la Gloire éternelle.	Ant. Induere decôre et honôre ejus quae a Deo tibi est sempiterna Gloria. Baruch. 5.

Hymne, Virgo Dei Genitrix. capitule et R. bref comme dans les differens livres d'offices

A Nunc Dimittis.

Ant. celui qui m'a créée a reposé dans mon tabernacle, et il m'a dit : habitez dans Jacob. j'ai été ainsi affermie dans Sion, et j'ai établi ma demeure dans l'assemblée de tous les Saints	Ant. qui creavit me, requievit in tabernaculo meo, et dixit mihi : in Jacob inhabita. et sic in Sion firmata sum, et in plenitudine sanctorum detentio mea. Eccli. 24.

Le reste comme dans les differens livres d'offices.

A MATINES.

Invitatoire.

Jesum de Mariâ natum * Venite, adoremus.

Venez, adorons Jesus né de Marie adorons-le.

Ps. 94. Venite, exultemus.

Hymne.

Summi decus superbiâ
humana gens amiserat;
lucem Deus seo pristinam,
se deprimendo, reddidit.

Un sot orgueil avoit dégradé l'homme; les humiliations d'un Dieu lui rendent la noblesse de son premier état.

Poenae reos ut eximat
in se reatum suscipit;
heu! quo salutem munere,
quantis emit doloribus!

Il se charge du crime pour sauver le criminel. il le sauvera; mais hélas! à quel prix! quel tourment n'aura-t-il pas à endurer!

Supplex humi prosternitur:
Ruptis fluit venis cruor,
quem nempè nostrorum gravis

Il prie, le visage prosterné contre terre: dans la tristesse dont il est pénétré, son sang s'échappe de ses veines. ah! c'est

l'horreur de nos crimes qui le fait couler.	effudit horror criminum.
On le dépouille: une troupe impie le frappe à coups redoublés. Arretez, barbares, celui que vous traitez si indignement est le christ.	Nudum flagellis turpibus nefanda verberat cohors. ah! contine, tortor, manum: quem cædis, ille christus est.
Déja son corps livide et déchiré n'offre plus que des lambeaux sanglans: les épines qu'on lui enfonce dans la tête font ruisseler le sang sur son visage.	Artūs cruentes jam cute in frustra pendent lividi: Vultum que foedant tempora Diris cruenta vepribus.
Vous le souffrez Grand Dieu! quoi? votre bras n'a pas encore lancé la foudre! c'est votre fils que vous voyez: vous êtes son pere, et vous l'abandonnez.	Cessas, Deus, suspensa que ad hunc retārdas fulmina: est ille, quem vides, tuus: tu déseres Natum, Pater.
Mais il falloit que le christ souffrit: déja la victime va d'elle même à l'au-	Oportuit christum pati: libens ad aram victima

Sucedit, et nostris grevem
Subit crucem reati-
bus.

tet: on lui fait porter sa croix. Helas! nos pechés en font un poids qui l'accable.

Jam corpus affi-
xum trabi
Terramque pendet
ac polum
inter, truci vultu,
ferox
Prædæ fremens mors
incubat.

Déja son corps étendu sur celit de douleurs, est élevé entre le ciel et la terre: la mort furieuse vient en frémissant fondre sur sa proie.

Orbis Deum ge-
mit mori,
Dirupta luctu dis-
silit
Natura. quanto
nos decet
Moerore sontes con-
fici

Ce sacrifice affreux épouvante la nature, l'univers en deuil s'ebranle jusques dans ses fondemens. Reste[r]ons nous insensibles? nous dont les crimes causent tous ce désordre.

Qui filium tra-
dit Patri,
Natoque sit laus
victimæ:
Sit par tibi laus,
qui sacram
Incendis aram,
Spiritus.
Amen

Gloire au Père qui a livré son fils: gloire au fils qui s'immole pour nous: gloires au Saint Esprit, par qui les mérites de la passion nous sont appliqués.

ainsi soit-il.

Psaumes ...

AU I. NOCTURNE

Ps. 8 Domine, Dominus noster.

Ant. L'Ange Gabriel fut envoyé de Dieu à une Vierge et étant entré où elle étoit, il lui dit: je vous salue, ô pleine de Grace; le Seigneur est avec vous: vous concevrez, et enfanterez un fils à qui vous donnerez le nom de Jesus.	Ant. Missus est angelus Gabriel à Deo ad virginem, et ingressus ad eam, dixit ave, gratia plena; Dominus tecum: ecce concipies et paries filium, et vocabis nomen ejus Jesum. Luc. 1.

Ps. 18. Coeli enarrant. p 71

Ant. Marie partit, et s'en alla en diligence vers les montagnes de Judée et étant entrée dans la maison de Zacharie, elle salua Elisabeth. aussitôt qu'Elisabeth eut entendu la voix de Marie qui la saluoit, son enfant tressaillit dans son sein.	Ant. Exurgens Maria abiit in montana cum festinatione, et intravit in domum Zachariæ, et salutavit Elisabeth; et ut audivit salutationem Mariæ Elisabeth, exultavit infans in utero ejus. Luc, 1.

Ps. 44 Eructavit cor meum

Ant. Le temps	Ant. impleti-

sunt dies ut pareret Maria, et peperit filium suum primogenitum, et reclinavit eum in praesepio. Luc. 2	auquel Marie devoit accoucher étant accompli, elle enfanta son fils premier né, et le coucha dans une crêche.
℣. Benedixisti, Domine, terram tuam: ℟. Avertisti captivitem Jacob. Ps. 84.	Vous avez béni, Seigneur, votre terre: ℟. Vous avez delivré Jacob de la captivité.
Pater noster &c.	Notre père &c.

Absolution. 2. Mach. 1

Adaperiat Deus cor nostrum in lege suâ, et in praeceptis suis; et det nobis cor omnibus, ut colamus eum. ℟. amen.	Que Dieu ouvre notre cœur à sa loi et à ses préceptes; et qu'il nous donne à tous un cœur docile, afin que nous l'adorions. ℟. ainsi soit il.

Benediction. Ephes. 1.

Deus Domini nostri Jesus christi, Pater Gloriae, det nobis Spiritum sapientiae. ℟. amen	Que le Dieu de Gloire, le pere de Notre Seigneur Jesus christ, nous donne l'Esprit de sagesse et d'intelligence. ℟. ainsi soit il

Leçon j. ch. 2

Du Prophete Isaie.

Il sortira un rejetton de la tige de Jessé, et une fleur naîtra de la racine, et l'Esprit de Dieu se reposera sur lui, l'Esprit de sagesse et d'intelligence, l'Esprit de conseil et de force, l'Esprit de science et de piété; et il sera rempli de l'Esprit de la crainte du Seigneur. il ne jugera point sur le rapport des yeux, et il ne condamnera point sur un oui-dire; mais il jugera les pauvres dans la justice, et il se declarera le juste vengeur des humbles qu'on opprime sur la terre. il frappera la terre par la verge de sa bouche, et il tuera l'impie par le souffle de ses le-

De Isaia Propheta.

Egredietur virga de radice Jesse, et flos de radice ejus ascendet, et requiescet super eum Spiritus Domini, Spiritus sapientiæ et intellectûs, Spiritus consilii et fortitudinis, Spiritus scientiæ et pietatis; et replebit eum Spiritu timoris Domini. non secundùm visionem oculorum judicabit, neque secundum auditum aurium arguet; sed judicabit in justitiâ pauperes, et arguet in æquitate pro mansuetis terræ et percutiet terram virgâ oris sui, et Spiritu labiorum suorum interficiet impium. et erit justitia cingulum lumborum ejus, et fides cinctorum renum ejus. non nocébunt et non occident in universo monte sancto meo; quia repléta est terra scientiâ Domini, sicut aquæ maris operientes. Alleluia.

tres. la justice sera la ceinture de ses reins, et la foi le baudrier dont il sera toujours ceint. rien ne nuira, ni causera la mort sur toute ma montagne sainte, parceque la terre est remplie de la connoissance du Seigneur, comme la mer l'est des eaux dont elle est couverte.

R. Postquam impleti sunt dies purgationis Mariæ, tulerunt Jesum in Jerusalem, ut sisterent eum Domino. sicut scriptum est in lege Domini: * quia omne masculinum adaperiens vulvam, sanctum Domino vocabitur. V. locutus est Dominus ad Moysem dicens: mea sunt omnia primogenita filiorum israel ego die quâ percussi om-

R. le temps de la purification de Marie étant accompli, il porterent l'enfant Jésus à Jerusalem, pour le présenter au seigneur, selon qu'il est écrit dans la loi du seigneur: * tout enfant mâle premier-né sera consacré au seigneur. V. le seigneur dit à Moyse: tous les premiers-nés des enfans d'israël sont à moi: je me les ai consacrés au jour que je frappai dans l'Egypte tous les premiers nés. * tout enfant.

ne primogenitum Egypti, sanctificavi eos mihi * quia omne. Ant. 2. Num. 8.

Benediction. 1 Jean, 5,

Que le fils de Dieu nous donne l'intelligence, afin que nous connoissions le vrai Dieu.

R. ainsi soit-il.

filius Dei nobis sensum, ut cognoscamus verum deum.

R. Amen.

Leçon ij Is. 45.

Voici ce que dit le Seigneur: l'Egypte avec tous ses travaux, l'Ethiopie avec son trafic, et Saba avec ses Grands hommes passeront vers vous: ils seront à vous et ils marcheront après vous: ils viendront les fers aux mains: ils se prosterneront devant vous, et ils vous prieront avec soumission, et ils diront: il n'y a de Dieu que parmi vous, et il n'y a point d'autre Dieu

Haec dicit dominus: labor Egypti, negotiatio Ethiopiæ, et Sabaïm viri sublimes ad te transibunt, et tui erunt; post te ambulabunt, et vincti manicis pergent, et te adorabunt, teque deprecabuntur: tantum in te est Deus: verè tu es Deus absconditus Deus Israël, salvator. confusi sunt, et erubuerunt omnes; simul abierunt in confusionem fabricatores errorum. Israël salvatus est in Domino, salute æterna. non confundemini, et non erubescetis usque in sæculum sæculi; quia hæc dicit Dominus creans cælos: non in abscondito locutus sum, in loco terræ tenebroso. non dixi semini Jacob, frustrà: Quærite me; ego Dominus loquens justitiam, annuncians recta. Tu autem.

que le vôtre: vous êtes vraiment le Dieu caché, le Dieu d'Israël, le Sauveur. les fabricateurs de l'erreur ont été confondus: ils rougiront de honte, et ils seront tous couverts de confusion. mais Israël a reçu du Seigneur un salut éternel. vous ne serez point confondus, et vous ne rougirez point de honte dans les siecles éternels; car voici ce que dit le Seigneur qui a créé les cieux: je n'ai point parlé en secret dans quel que coin obscur de la terre. ce n'est point en vain que j'ai dit à la race de Jacob: Recherchez moi, car je suis le Seigneur qui annonce la justice, dont les ordres sont équitables, et qui apprend ce qui est dans la droiture et la vérité.

R. Cum factus esset annorum duodecim, remansit puer Jesus in Jerusalem; et post triduum invenerunt

R. L'Enfant Jesus étant agé de douze ans, demeura à Jerusalem. trois jours après son pere et sa mere

le trouvèrent dans le	illum parentes ejus
temple assis au mi-	in templo, sedentem
lieu des Docteurs, les	in medio Doctorum,
écoutant et les inter-	audientem illos, et
rogeant; * et tous	interrogantem. * stu-
ceux qui l'écoutoient	pebant omnes qui
étoient ravis d'ad-	eum audiebant su-
miration. lors donc	per prudentiâ, et
qu'ils le virent, ils	responsis ejus: et
furent remplis d'éton-	videntes admirati
nement. ℣. Rejouis-	sunt. ℣. laetamini
sez vous dans le	in Domino Deo ves-
Seigneur votre Dieu,	tro, quia dedit vobis
qui vous a donné	Doctorem justitiae.
le Docteur de la jus-	* stupebant. Luc. 2.
tice. * et tous ceux.	1. Noct. 2.

Benediction. Jean, 16.

Que l'Esprit de veri-	Spiritus veritatis
té nous enseigne	doceat nos omnem
toute vérité.	veritatem. ℟. amen
℟. ainsi soit il	

Leçon iij. Ch. 31.

Du Prophete Jeremie.	De Jeremiâ propheta
Le Seigneur a	Creavit Dominus
créé sur la terre un	novum super ter-
nouveau prodige,	ram: foemina cir-
une femme envi-	cumdabit virum.
ronnera un hôme.	haec dicit Dominus
voici ce que dit le	exercituum, Deus
Seigneur, le Dieu	Israël: adhuc dicent
des armées, le Dieu	verbum istud in

terrâ Judae et urbi-
bus ejus, cum con-
vertero captivitatem
eorum. benedicat
tibi Dominus pul-
chritudo justitiae,
mons sanctus, et
habitabunt in eo
Judas, et omnes ci-
vitates ejus simul,
agricolae, et minan-
tes greges. quia ine-
briavi animam
lassam, et omnem
animam esurien-
tem saturavi. ideo
quasi de somno
suscitatus sum,
et vidi, et somnus
meus dulcis mihi.
Ecce dies veniunt,
dicit Dominus, et
feriam domui Is-
raël, et domui Ju-
da foedus meum.
hoc erit pactum
quod feriam cum
domo Israël post
dies illos, dicit Do-
minus: dabo legem
meam in visceri-
bus eorum, et in

D'Israel: ils diront
encore cette para-
bole dans la terre de
Juda, et dans ses
villes, lorsque j'au-
rai ramené leurs
captifs. que le sei-
gneur vous benisse,
lui qui est la beauté
de la justice et la
montagne sainte
ou Juda habitera,
et toutes ses villes
avec lui, ainsi que
les laboureurs et
ceux qui conduiront
les troupeaux. car
j'ai enivré l'ame
qui étoit toute lan-
guissante de soif,
et j'ai rassasié
celle qui étoit affa-
mée. sur cela je
me suis réveillé
comme de mon som-
meil, j'ai ouvert
les yeux, et mon
sommeil m'a été
doux et agréable.
le temps vient, dit
le seigneur, ou je
ferai une nouvelle

alliance avec la maison d'Israël. après ce temps là sera venu, dit le seigneur, j'imprimerai ma loi dans leurs entrailles et je l'écrirai dans leur coeur, et je serai leur Dieu, et ils seront mon peuple. et chacun d'eux n'aura plus besoin d'enseigner son prochain et son frere en disant; connoissez le seigneur, parceque tous me connoîtront depuis le plus petit jusqu'au plus grand, dit le seigneur; car je leur pardonnerai leurs iniquités et je ne me souviendrai plus de leurs péchés.

cordium eórum scribam eam: et ero eis in Deum, et ipsi erunt mihi in populum. et non docebit ultrà vir proximum et vir fratrem suum dicens: cognosce Dominum; omnes enim cognoscent me à minimo usque ad maximum, ait Dominus; quia propitiabor iniquitati eorum, et peccati eórum non memorabor amplius. Tu autem.

R. Réjouissez vous, louez tous ensemble le seigneur parcequ'il a consolé son peuple. * le seigneur a fait voir son bras saint aux yeux de toutes les nations. V. le tout-puissant a fait en

R. Gaudete, et laudate, qui a consolatus est Dominus populum suum. * paravit brachium sanctum suum in oculis omnium Gentium. V. fecit mihi magna qui potens est, et mise-

ricordia ejus à progenie in progenies timentibus eum. * Paravit. Gloria Patri. * Paravit. Ps. 48.	moi de grandes choses et sa misericorde se répand d'age en âge sur eux qui le craignent. * le Seigneur. Gloire * le Seigneur.

AU II. NOCTURNE.

Ps. 45. Deus noster refugium

Ant. factus in agoniâ Jesus, prolixius orabat. et factus est sudor ejus, sicut guttæ sanguinis decurrentis in terram. Luc. 22.	Ant. Jesus étant tombé en agonie, redoubloit sa priere. et il lui vint une sueur comme de goutes de sang qui decouloient jusqu'à terre.

Ps. 71. Deus judicium tuum.

Ant. Apprehendit Pilatus Jesum, et flagellavit. Joan. 19.	Ant. Pilate prit Jesus et le flagella

Ps. 84. Benedixisti.

Ant. Milites plectentes coronam de spinis, imposuerunt capiti ejus et veste purpureâ circumdederunt eum Joan, 19.	Ant. les Soldats ayant fait une couronne d'epines entrelassées la lui mirent sur la tête, et ils le revetirent d'un manteau d'ecarlate.

℣. les douleurs de la mort m'ont environné, ℟. et les torrens de l'iniquité m'ont rempli de trouble.

℣. circumdederunt me dolores mortis, ℟. et torrentes iniquitatis conturbaverunt me Ps. 17.

Absolution. 3. Rois 8

Que notre Dieu incline nos cœurs vers lui, afin que nous gardions ses commandemens. ℟. ainsi soit-il.

Deus noster inclinet corda nostra ad se, ut custodiamus mandata ejus. ℟ amen.

Benediction. Ephes. 1.

Que Dieu éclaire les yeux de notre cœur, afin que nous sachions quelle est l'Espérance à laquelle il nous a appellés, et quelle est la gloire et l'heritage qu'il a préparé aux Saints. ℟ ainsi soit-il

Deus det nobis illuminatos oculos cordis, ut sciamus quæ sit spes vocationis ejus in sanctis. ℟. amen.

Leçon IV.

L'hérésie des Albigeois faisant des progrès rapides et se repandant chaque jours dans la province de Toulouse, S. Dominique qui

Cum Albigensium hæresis per Tolosatium regionem impiè grassaretur, atque altius indies radices ageret, sanctus Dominicus qui nuper Prædicatorum Ordinis fundamenta jecerat ad eam convellendam totus incubuit. id ut præstaret validius auxilium beatæ virginis, cujus dignitas illis erroribus impudentissimè petebatur, cuique datum est cunctas hæreses interimere in universo mundo, enixis precibus imploravit: à quâ (ut memoriæ proditum est) cum monitus esset ut Rosarium populis prædicaret, velut singulare adversus hæreses, ac vitia præsidium; mirum est quanto mentis fervore, et quam felici successu injunctum sibi munus sit executus. est autem Rosarium certa precandi formula, quâ quindecim Angeli

depuis peu avoit institué l'Ordre des freres Prêcheurs, s'appliqua de toutes ses forces à combattre et à détruire cette heresie pour y réussir plus surement, il implora par les prieres les plus ferventes, le secours de la Sainte Vierge, dont cette hérésie attaquoit avec la plus grande insolence la dignité et la gloire, et à qui il a été donné de détruire toutes les hérésies dans le monde entier: ayant été averti (ainsi qu'il est rapporté) par cette sainte Mere de Dieu même, de prêcher aux peuples le Rosaire comme le moyen puissant et efficace pour détruire les hérésies et les vices; le zele avec lequel il s'en-

acquitta, et les fruits abondans qu'il en recueillit sont dignes d'étonnement et d'admiration. Or le Rosaire est une certaine formule de prieres, composée de quinze dizaines de salutations Angeliques, en ajoutant à chaque dizaine l'oraison dominicale, et honorant par de pieuses méditations à chacune de ces dizaines un des mysteres de notre rédemption. il est merveilleux comme depuis ce temps cette pieuse maniere de prier se repandit, et s'accrut par le ministere de saint dominique que les Souverains Pontifes déclarent partout en etre l'auteur et l'instituteur.	cárum salutationum decades, oratione Dominicâ intergectâ distinguimus, et ad eárum singula totidem nostre reparationis mysteria piâ meditatione recolimus. ex eo ergo tempore pius hic orandi modus mirabiliter per sanctum Dominicum promulgari, augerique cœpit: quem ejusdem institutorem, auctorem que fuisse summi Pontifices, Apostolicis litteris, passim affirmarunt.
℣. ils prirent Jesus et l'emmenèrent: * et portant sa croix il vint au lieu appellé le Calvaire.	℟. Susceperunt Jesum, et * Bajulans sibi crucem exivit Jesus in eum qui dicitur calva

rie lacum. ℣. filia populi mei. luctum unigeniti fac tibi planctum amarum. * Sajutans.

℣ fille de mon peuple, repandez des larmes amères sur la mort de votre fils unique * Et.

Jean, 19. Jeremie. 6.

Bénédiction. Coloss. I.

Dignos nos faciat in partem sortis sanctorum, qui eripuit nos de potestate tenebrarum.

℟ Amen.

Que celui qui nous a arrachés de la puissance des tenebres, nous rende dignes d'avoir part à l'héritage des Saints.

℟ Ainsi soit-il.

Leçon V.

Innumerabiles porto fructus ex hac tam salutari institutione in christianam Rempublicam dimanârunt, inter quos merito numerantur hæreses debellatæ, mali mores in bonos mutati, pietas et virtutes excultæ, homines a variis periculis erepti, multis diversisque gratiis, cum tempora

Cette pieuse et sainte institution a produit les plus heureux effets pour l'Eglise de Jesus-christ. parmi ces fruits abondans et sans nombre, on compte avec justice la destruction de l'heresie, les pecheurs convertis, la pieté reflorissante, la vertu pratiquée, divers dangers dont les chrétiens ont heureusement échappé; un grand nombre de graces et de plusieurs tant spirituelles que temporelles qui leur ont été accordées; des villes délivrées des terribles fleaux de la peste et de la famine. mais parmi tous ces fruits merite d'être célébrée d'une maniere toute particuliere, la glorieuse victoire que Pie V. et les Princes chrétiens excités et encouragés par ce saint Pape, remporterent dans le Golphe de Lépante, auprès des Isles Echinades, sur les turcs dont la flotte étoit la plus formidable qu'on eu jamais vû. ce fut un Dimanche sept octobre de l'an mil cinq cent soixante onze, que se donna cette mémorable bataille,

libus, tum spiritualibus, donari, urbes a pestis, famisque calamitatibus liberatæ; specialique digna est memoriâ insignis illa navalis victoria quam anno millesimo quingentesimo septuagesimo primo, die septima octobris quæ Dominica fuit sanctissimus Pontifex Pius quintus, et ab eo inflammati christiani principes apud Echinadas insulas de Turcarum classe longè potentiori, reportârunt. nam eum illâ ipsâ die ea victoria relata sit, quâ sanctissimi Rosarii sodalitates per universum orbem consuetas supplicationes peregerent, statutas que preces ex more funderent, iis precibus haud immeritò refertur accepta. quod qui dem cum Gregórius tertius decimus lectus esset, ut pro tam singulari beneficio Beatæ Virgini sub appellatione Rosarii perennes gratiæ ubique terrarum haberentur, in Ecclesiis omnibus in quibus altare Rosarii foret, primâ quæque Octobris Dominicâ officium ritu dúplici majori perpetuò celebrandum indixit. Vix verbis exprimi potest quantum ex hoc tempore divina ista institutio in christiano populo fuerit ubique propagata quot quantæque in honorem dei genitricis sub Rosarii nomine fundatæ sint: societates, in quas princi

la plus célébre que les Chrétiens ayent jamais gagné sur la mer. et comme dans ce jour toutes les confrairies érigées en l'honneur de la sainte Vierge sous le nom de Rosaire, dans le monde entier, faisoient les processions et les prieres accoutumées, cette victoire a été regardée comme l'effet de la protection de Marie obtenue par la ferveur et les mérites de ces prieres. c'est ce que témoigne le pape Gregoire treize. et en consequence il a ordonné que pour rendre à la sainte Vierge de perpetuelles actions de graces pour une faveur si signalée il seroit fait a perpétuité une fête sous le ti

tre du saint Rosaire chaque année le premier Dimanche d'Octobre, et l'office celebré de rit double majeur, dans toutes les Eglises de la chrétienté où il y auroit un autel du Rosaire. il seroit impossible d'exprimer combien la dévotion	pes, Reges imperatores, atque ecclesiæ Præsides, pro summo honore ducunt cooptari. Romani verò Pontifices, Rosarium recitantibus, ejusdemque Rosarii sodalitatibus, indulgentias pene innumeras concesserè lucutem.

du saint Rosaire, si chère à la Mere de Dieu, c'est accrue depuis ce temps parmi les chretiens: combien il s'en érigé de tous côté de confrairies en l'honneur de Marie, sous le nom de Rosaire, dans les quelles on compte des Princes, des Rois, des Empereurs, des Evêques, et des souverains Pontifes mêmes qui regardent comme un grand honneur pour eux d'y etre associés. les Pontifes Romains ont aussi accordé aux confrairies du Rosaire, et a ceux qui le reciteroient les indulgences pres que sans nombre.

R. ils crucifierent Jesus. cependant la mere de Jesus se tenoit auprès de sa croix.	R. Crucifixerunt Jesum. Stabat autem juxta crucem Jesu Mater ejus* cum vidis.

[Cum vid]isset ergo Jesus matrem, et discipulum quem diligebat, dicit Matri suæ: Mulier, ecce filius tuus; deinde dicit discipulo: Ecce Mater tua. ℣. Supra modum Mater mirabilis bono animo ferebat propter spem quam in deo habebat. * Cum vidisset ergo Jesus.
Joan. 19. 2 Mach. 7

* Jesus donc ayant vu sa Mere et près d'elle le disciple qu'il aimoit, dit à sa Mere: femme, voilà votre fils; puis il dit au disciple: voila votre Mere. ℣. Cette Mere plus admirable qu'on ne peut dire, souffroit constamment la mort de son fils, à cause de l'esperance qu'elle avoit en Dieu * Jesus.

Benediction. Act. 26.

Aperiantur oculi nostri; ut convertamur a tenebris ad lucem, et accipiamus sortem inter sanctos. ℟ amen.

[O]uvrons les yeux à la lumiere; afin que nous sortions des tenebres, et que nous ayons part à l'heritage des Saints. ℟. A. S. l.

Leçon VI.

Clemens vero undecimus, animo reputans insignem pariter victoriam anno millesimo septingentesimo deci.

Le souverain Pontife Clément Onze, considerant la celebre victoire remportée encore sur l'armée innom[brable] broble des Turcs. l'an mil sept cent seize, dans le Royaume de Hongrie, par l'Empereur Charles VI, réfléchissant que le jour où cette victoire avoit été remportée, étoit celui où on celebre la fête de la Dédicace de Notre Dame des neiges, et presque dans le même temps que les confrères du saint Rosaire faisoient dans la ville de Rome leurs processions avec un grand concours de peuple, et une grande piété, qu'ils adressoient à Dieu les prieres les plus ferventes pour lui demander la défaite des Turcs, et qu'ils imploroient avec humilité, et avec instance, la puissante protecti

mo sexto in Hungariae Regno à Carolo sexto Imperatore Romano, de innumeris Turcarum copiis relatam, eo die contigisse, quo festum dedicationis sanctae Mariae ad Nives celebraretur, atque eodem fermè tempore, quo sanctissimi Rosarii confratres, publicam solemnemque supplicationem in alma urbe, ingenti populi concursu, magnâque religione peragentes, fervidas ad Deum preces pro Turcarum depressione funderent, ad potentem Dei parae virginis protectionem in auxilium Christianorum implorarent; victoriam illam, nec non liberatam paulò post eorumdem Turcarum obsidione, corcyrensem insulam, ejusdem Beatæ virginis patrocinio piè censuit adscribendam. quam obrem, ut hujus quoque tam insignis beneficii perennis semper, et memoria exta- ret, et gratia sanctissimi Rosarii festum eâdem die, eodem que ritu celebrandum ad Ecclesiam universam extendit. sanctissimam ergo dei Genitricem cultu hoc eidem gratissimo jugiter veneremus, ut, quæ toties christi fidelibus, Rosarii precibus exorata, terrenos hostes profligare dedit, ac perdere inter nos pariter superare concedat. In autem.

ou et le secours de la sainte Mere de Dieu en faveur des chrétiens, il a jugé pieusement que les chrétiens lui étoient redevables de cette victoire importante ainsi que de la délivrance de l'ile de corfou, assiegée par ces ennemis du nom de chrétien. pour conserver à jamais la mémoire et la reconnoissance d'un bienfait si signalé, il a étendu à l'eglise universelle l'obligation de célébrer au jour, et selon le rit institué par Gregoire treize, la fête du saint Rosaire. honorons donc perpétuellement la tres sainte Mere de Dieu par ce culte qui lui est si agréable. efforçons nous de mériter que com me i ... favorable par l'honneur qu'on lui rend par le saint Rosaire, elle a obtenu la victoire sur les ennemis extérieurs et visibles, elle nous obtienne pareillement sur les ennemis intérieurs et invisibles.

R. fille de Jerusalem, est ce que vous n'avez point de Roi, que vous êtes ainsi dans la douleur comme une femme qui est en travail? * affligez vous et tourmentez vous comme une femme qui enfante, parceque vous serez délivrée, et que le seigneur vous rachetera. V. ne falloit il pas que le christ souffrit, et qu'il entrât ainsi dans sa gloire? * affligez vous. Gloire au Pere. * affligez vous.

R. filia Jerusalem, numquid rex non est tibi, quia comprehendit te dolor sicut parturientem * Dole et satage quasi parturiens, quia liberaberis et redimet te dominus. V. nonne oportuit pati christum, et ita intrare in gloriam suam? Gloria * Dole Mich. 4. Luc, 24.

AU III. NOCTURNE

Ps. 86 fundamenta

Ant. Jesus christ est ressuscité le troisieme jour selon les écritures.

Ant. Christus resurrexit tertia die secundum Scripturas. 1 Cor. 15.

Ps. 96. Dominus regnavit.

Ant. Eduxit eos Jesus foras, et elevatis manibus suis, benedixit eis. et factum est, dum benediceret illis, recessit ab eis, et ferebatur in coelum. Luc. 24.	Ant. Jesus mena ses disciples dehors, et ayant levé les mains, il les bénit. et en les bénissant, il se sépara d'eux, et fut enlevé dans le ciel.

Ps. 97. Cantate.

Ant. Erant perseverantes unanimiter in oratione cum Mariâ matre Jesu: et repleti sunt omnes Spiritu Sancto. Act. I.	Ant. ils persévéroient dans un même esprit en prieres avec Marie mere de Jesus: ils furent tous remplis du Saint Esprit.
V. Secundum multitudinem dolorum meorum in corde meo. R. Consolationes tuæ lætificaverunt animam meam	V. à proportion du grand nombre de douleurs qui ont pénétré mon cœur. R. vos consolations ont rempli mon ame de joie.

Ps. 93

Pater noster.

Benediction. Ephes.

Deus meminerit testamenti sui quod locutus est, et exaudiat orationes nostras	Que Dieu se souvienne de l'alliance qu'il a contracté avec son peuple, et qu'il exauce nos prieres.
R. amen	R. ainsi soit il.

Leçon. Vij. ch.

Lecture du saint Evangile selon Saint Luc.

En ce temps là l'Ange Gabriel fut envoyé de Dieu en une ville de Galilée appellée Nazareth, à une Vierge qu'un homme de la maison de David, nommé Joseph, avoit épousée; et cette Vierge s'appelloit Marie. Et le reste.

Lectio sancti Evangelii secundum Lucam.

In illo tempore: Missus est Angelus Gabriel a Deo in civitatem Galileæ, cui nomen Nazareth, ad Virginem desponsatam viro, cui nomen erat Joseph de domo David; et nomen Virginis Maria, et reliqua.

Homelie de Saint Bernard Abbé.

Homilia Sancti Bernardi Abbatis.

Homelie 2. sur saint Luc.

L'Ange a été envoyé à une vierge. O Vierge admirable et la plus digne de tout honneur! o femme singulierement vénerable, qui méritez d'être admirée par dessus toutes les autres femmes; qui avez reparé le mal-

Ecce missus est Angelus ad Virginem. O admirandam, et omni honore dignissimam Virginem! o feminam singulariter venerandam, super omnes feminas admirabilem, parentum reparatricem, posterorum vivificatricem. Missus est, inquit, Angelus ad Virginem. Virginem carne, virginem mente, virginem professione, Virginem denique, qualem describit Apostolus, mente et corpore sanctam: nec noviter, nec fortuito inventam; sed a seculo electam, ab altissimo praecognitam, et sibi praeparatam, a Prophetis promissam. Deus ad serpentem ait: Inimicitias ponam inter te et mulierem. Et si adhuc dubitas an de Mariâ dixerit; audis quod sequitur: ipsa conteret caput tuum. Cui haec servata est victoria? nisi Maria ipsa procul dubio caput venenatum, quae omnimodam maligni suggestionem, tam de carnis

heur de nos premiers parens, qui avez rendu la vie à leur postérité. L'Ange a été envoyé à une Vierge, Vierge de corps ainsi que d'esprit, dont toute la conduite en étoit une profession manifeste: Vierge enfin, telle que l'a décrit l'Apôtre, dont l'ame et le corps sont saints; ce n'est pas un événement nouveau ni le hasard qui l'a donnée; mais elle a été choisie avant tous les siècles; de toute éternité le très haut l'a connue, l'a préparée pour lui, et les Prophetes l'ont annoncée et promise. Dieu a dit autrefois au Serpent: Je mettrai une inimitié entre toi et la femme. Si on doutoit que cette Prophetie regarde

Marie qu'on écoute
cequi suit: Elle te bri-
sera la tête. à quelle
autre que Marie a
été a été reservée
cette victoire? c'est
elle qui a brise cette
tête venimeuse, c'est
elle qui a detruit la
malice de l'ennemi
qui a rendu inuti-
les tous ses efforts
pour perdre les hom
mes en les portant
au mal, tant par
les attraits trom-
peurs des passions
charnelles que par
l'Orgueil de l'Esprit.
C'est Marie que Sa
lomon avoit en vue
lors qu'il disoit: qui
trouvera une femme forte?
il avoit lu dans les
divines Ecritures
que Dieu l'avoit
promis, et la rai-
son lui montroit
qu'il etoit convena-
ble que celui qui
avoit vaincu par
une femme fut vain

illécebrâ, quam de
mentis superbiâ,
deduxit ad nihilum.
quam vero aliam
Salomon require-
bat, cum dicebat:
Mulierem fortem quis
inveniet? quia et Deum
legerat promisisse,
et ita videbat congru-
ere, ut qui vicerat
per feminam, vin-
ceretur per ipsam,
vehementer admi-
rans aiebat Mulie-
rem fortem quis inveniet?
quod est dicere: si
ita de manu femi-
nae pendet, et nostra
omnium salus, et
innocentiae restitu-
tio, et de hoste vic-
toria; fortis omni-
no necesse est ut
provideatur quae
ad tantum opus
possit esse idonea.
sed mulierem for-
tem quis inveniet?
ac ne hoc quaesisse
putetur desperan-
do, subdit prophe

tando: Procul et ultimis finibus pretium ejus. hoc est non vile, non parvum, non mediocre, non denique de terrâ, sed de coelo: nec de coelo proximo terris, sed a summo coelo egressio ejus. In auctor.

ou par une autre femme; c'est pourquoi plein d'admiration, il s'écrioit: qui trouvera une femme forte? c'est comme s'il eut dit: puisque c'est de la main d'une femme que doit venir le salut de tout le Genre humain, le recouvrement de l'innocence, et la victoire sur l'ennemi, il est necessaire qu'il en soit formée et preparée, par les mains du tout Puissant, une qui soit propre à un si grand ouvrage. Mais qui la trouvera cette femme forte? De peur qu'on ne pense qu'il parle ainsi parcequ'il desespère qu'elle puisse etre trouvée, il ajoute incontinent en prophetisant: elle viendra de loin: son prix est au dessus de tout ce qui s'apporte de l'extremité du monde. n'y pensez rien de bas, rien de petit, rien de mediocre: ne pensez qu'il y en ait de semblable sur la terre ni même dans le ciel proche la terre proche de la terre; c'est du Ciel le plus élevé qu'elle vient.

℟. quae ista quae progreditur quasi aurora con.

℟. Qu'elle est celle ci qui s'avance comme l'aurore

lorsqu'elle selève, qui est belle comme la lune, et éclatante comme le Soleil, et qui est terrible comme une armée rangée en bataille?
* Elle monte du Désert toute remplie de délices. V. le temple de Dieu est ouvert dans le ciel, et on a vu l'arche de son alliance dans son temple.
* Elle monte

surgens, pulchra ut luna, electa ut sol, terribilis ut castrorum acies ordinata? * ascendit de deserto deliciis affluens. V. apertum est templum Dei in coelo, et visa est arca testamenti ejus in templo ejus * ascendit. apoc. 11.

Bénédiction. Ephes. 4.

Efforçons nous de parvenir tous à l'unité de la foi et de la connoissance du fils de Dieu; afin que nous ne nous laissions pas emporter à tout vent de Doctrine. R. ainsi soit il.

Occuramus omnes in unitatem fidei, et cognitionis filii dei; ut non circumferamur omni vento doctrinæ. R. amen

Leçon viij.

Quel sujet d'étonnement lorsque vous considérez l'homme Dieu que cette Vierge in

sed verto me ad conceptum per-tum que Virginalem. videas si attendas, potentiam

Regi, sapientiam instrui, virtutem sustentari; Deum denique lactantem sed Angelos reficientem: vagientem, sed miseros consolantem. Videas, si attendas, tristari laetiam, pavere fiduciam, salutem pati, vitam mori, fortitudinem infirmari. Sed quod non minus mirandum est, ipsa ibi cernitur tristitia laetificans, pavor confortans passio salvans infirmitas roborans. numquid non facile tibi est inter haec feminam agnoscere virum circumdantem? cum Mariam videas virum approbatum a Deo Jesum suo utero circumplectentem. neque minus habuit sapientia, vel potius non minus

comparable a conçu et enfanté. vous voyez la puissance aidée, la sagesse instruite la force soutenue: un Dieu qui est allaité, et qui en meme temps nourrit les Anges dans le ciel: un Dieu qui pleure dans la creche, et qui est en même temps la consolation des affligés. vous voyez la joie etre triste, la confiance etre effrayée, le Salut souffrir, la vie mourir, la force être foible mais ce qui n'est pas moins étonnant, vous voyez en même temps la tristesse donner la joie, la frayeur donner la confiance la souffrance donner le Salut et la foiblesse donner la force, au milieu de toutes ces merveilles vous reconnoissez aisement cette femme que le Prophete annoncoit comme un prodige nouveau, qui devoit être mere d'un homme extraordinaire. vous la reconnoissez en Marie portant dans son chaste sein Jesus si cher à Dieu; lequel n'a pas eu moins de sagesse, ou plutôt n'a pas moins la sagesse, concu que né, petit que grand. soit donc que vous le considériez encore caché dans le sein de sa Mere, soit dans la creche pleurant, soit que vous le voyez dans sa jeunesse dans le temple interrogeant les docteurs, soit dans la plenitude de l'age prêchant et enseignant le peuple, il est toujours également rempli du Saint Esprit.

fuit sapientiæ Jesus conceptus, quam natus, parvus quam magnus. sive ergo latens in utero, sive vagiens in præsepio, sive jam grandiusculus interrogans doctores in templo, sive jam perfectæ ætatis docens in populo, æquè profectò plenus Spiritu Sancto. Tu autem

℟. le Roi se leva, vint au devant d'elle: * on mit un throne pour la mere du Roi, laquelle s'assit à sa droite; et le Roi lui dit:

℟. surrexit Rex in occursum ejus positus que est thronus matri Regis quæ sedit ad dexteram ejus et dixit ei Rex: Pete, Mater

meu: neque enim fas est ut avertam faciem tuam. V. Signum magnum apparuit in coelo: mulier amicta sole, et luna sub pedibus ejus, et in capite ejus corona stellarum duodecim. * Positus que est. 3. Rois I. Apoc. 12.	Demandez ma mère; car rien ne peut vous être refusé. V. Un grand prodige parut dans le ciel: une femme revêtue du Soleil, qui avoit la lune sous ses pieds, et une couronne de douze étoiles sur sa tête * On mit un throne.

Benediction. 2 Cor. 4

Fulgens nobis illuminatio Evangelii gloriae christi, qui est imago Dei.	Que la lumière de l'Evangile de la gloire de Jesus christ qui est l'image de Dieu, luise sur nous.
R. Amen.	R. Ainsi soit-il.

On dit pour IX. Leçon, l'homelie sur l'Evangile du Dimanche occurent.

R. Videns Regina non habebat ultra spiritum, dixitque ad Regem: * Beati servi tui qui stant coram te semper: + Rex autem dedit Reginae omnia quae voluit et petivit ab eo. V. Oculus	R. La Reine voyant la magnificence dont ses yeux furent frappés étoit toute ravie en admiration; et dans son étonnement elle dit au Roi * heureux vos serviteurs qui jouis

sent toujours devant vostre présence: † et le Roi a donné à la Reine tout ce qu'elle a désiré et tout ce qu'elle a demandé. V. L'Oeil n'a point vu, l'oreil n'a point entendu, et le coeur de l'homme n'a jamais conçu ce que Dieu a préparé pour ceux qui l'aiment, * heureux vos serviteurs. Gloire au Pere † et le Roi.

non vidit, nec auris audivit, nec in cor hominis ascendit, quæ preparavit Deus iis qui diligunt illum * beati servi tui. Gloria Patri. † Rex autem. 3. Rois, 10. 1 cor. 2.

Te Deum laudamus. &c.

Sacerd. Publiez avec moi combien le Seigneur est grand: R. et celebrons tous ensemble la gloire de son saint nom.

Sacerd. Magnificate Dominum mecum: R. Et exaltemus nomen ejus in idipsum. Ps. 33.

A LAUDES.

Pseaumes du Dimanche sous les Antiennes suivantes.

Ant. Elle crioit vers le Seigneur, en disant: Dieu des cieux, créateur des eaux, souvenez vous

Ant. Clamabat ad dominum, dicens: Deus cælorum, creator aquarum, memento, Domine, tertestamenti tui; ut domus tua in sanctificatione tuâ permaneat, et omnes gentes agnoscant quia tu es Deus, et non est alius præter te. Judith. 9

Seigneur de votre alliance; afin que votre maison demeure toujours dans la sainteté qui lui est propre, et que toutes les nations connoissent que c'est vous qui êtes Dieu et qu'il n'y en a point d'autre que vous.

Ant. Clamor in mari auditus est; auditum pessimum audierunt: turbati sunt in mari et omnes viri prælii conticescent in die illâ. Jer. 49.

Ant. De grands cris ont été entendus sur la mer; des voix effroyables se sont fait entendre: ils ont été jettés dans le trouble et la consternation sur la mer; et dans ce jour tous les fiers combattans n'oseront plus se montrer.

Ant. Misit Dominus pestilentiam in Israël; invocavit Dominum, præcepitque Dominus Angelo, et convertit Gladium suum in vaginam. 2. Rois. 12

Ant. La peste ayant affligé Israël, à sa priere le Seigneur commanda à l'Ange (exterminateur) de remettre son épée dans le fourreau ce qu'il a fait.

Cantique. Judith, 16.

Chantez à la Gloire du Seigneur au son des Tambours, et au bruit des Timbales.	Incipite Domino in tympanis: *cantate Domino in cymbalis:
Chantez avec de saints accords un nouveau cantique: glorifiez et invoquez son nom.	Modulamini illi psalmum novum: *exaltate et invocate nomen ejus.
Le Seigneur qui met les armées en poudre: le Seigneur est le nom qui lui appartient	Dominus conterens bella: *Dominus nomen est illi.
Il a mis son camp au milieu de son peuple, pour nous délivrer de la main de tous nos ennemis.	Qui posuit castra sua in medio populi sui, *ut eriperet nos de manu inimicorum.
Le Chef d'Assyrie est venu du coté des montagnes, du coté de l'Aquilon, avec une multitude et une force extraordinaire.	Venit Assur ex montibus ab Aquilone, *in multitudine fortitudinis suæ.
Ses Troupes sans nombre ont rempli les torrens, et sa cavalerie a couvert les vallées.	Cujus multitudo obturavit torrentes, *et equi eorum cooperuerunt valles.

Dixit se incensurum fines meos; * et juvenes meos occisurum Gladios:

Il avoit juré de tout bruler; de passer mes jeunes gens au fil de l'épée:

Infantes meos dare in praedam; * et virgines in captivitatem.

Dévonner en proie mes petits enfans, et de [illegible] mes filles captives.

Dominus autem omnipotens nocuit eum, et tradidit in manus feminae; * et confodit eum.

Mais le seigneur tout puissant la frappé: il le livré entre les mains d'une femme; et elle lui a ôté la vie.

Gloria Patri &c.

Gloire au Pere &c.

Ant. Omnes operarii iniquitatis conturbati sunt, et directa est salus in manu ejus; in seculum memoria ejus in benedictione: perdidit impios, avertit iram ab Israël. I. Mach. 3

Ant. Tous les ouvriers d'iniquité ont été dans le trouble. Son bras a procuré le salut du peuple; sa mémoire sera éternellement en bénédiction: les impies ont été perdus, la colere a été détournée de dessus Israël.

Ant. In omni ore quasi mel indulcabitur ejus memoria. Tulit abominationes impietatis; et in diebus peccatorum cor-

Ant. Son souvenir sera doux à la bouche de tous les hommes, comme le miel. elle a exterminé les abominations;

et dans un temps de péché a affermi la piété.

roboravit pietatem Eccli 49.

Capitule Judith. 13.

Le Seigneur a rendu aujourd'hui votre nom si celebre que les hommes se souvenant éternellement de la puissance du Maitre souverain de l'univers, ne cesseront de vous louer. ℟. Rendons Graces a Dieu.

Nomen tuum ita magnificavit (Dominus) ut non recedat laus tua de ore hominum, qui memores fuerint virtutis Domini in aeternum. ℟. Deo Gratias.

Hymne.

Que les cieux se rejouissent, et que l'enfer tremble. la mort est écrasée sous ses propres trophées. Jesus christ sort triomphant du tombeau.

Gaudeat coelum, paveantque ira. tartari pestes: redivivus ore. Christus extollit, proprisque mortem conterit armis.

Monté sur un nuage éclatant de lumière, deja il prend son essort au milieu des airs. il va rejoindre son pere: Marie le suit des yeux. les disciples semblent

Jam fugit terras rutilante nimbo. Redditur Patri: sobolem Maria suscipit; fratrem que rulu reposcunt Murmure fratres.

	le rappeller par leurs cris plaintifs
Carae lamentis, pia turba, coeli Expedit Christum reme-are tractatus. Hinc tibi praesens à-deris summque Mittet amorem.	Séchez vos pleurs troupe chérie, votre Maître ne vous a point abandonné. Vos interets même le rappellent aux cieux. bientôt en vous envoyant son Saint Esprit, il va vous donner la plus grande preuve de son amour.
Hujus adventu novus ordo rerum Nascitur; longam fu-gat alma noctem. Lux forens mentes, ~~recreansque sacris~~ Pectora flammis.	Il descend enfin cet Esprit consola-teur. l'univers prend une nouvelle face. les ténèbres se dissi-pent: il éclaire les esprits par sa lu-miere, et son soufle divin embrâse les coeurs.
Quas ubi flam-mas periturâ virgo Intimis hausit peni-tus medulis Volvitur lecto, pla-cido que lapsu — Mens fugit artus.	Marie brûle de cette flamme celeste. son corps fragile ne peut resister à l'activité du feu qui penetre son ame, il succombe, et elle passe tranquille.

ment au sommeil de la mort.

Dieu qui le voit du sein de sa Gloire, ne souffre pas que ce corps fait pour le ciel devienne la proie du tombeau. il le rappelle à la vie: Marie s'envole au ciel sur les aîles des Anges.

C'est là que le throne le plus élevé lui étoit preparé. assise audessous de Dieu, mais bien audessus de toutes les créatures, cette tendre Mere reçoit nos voeux, et prete aux peuples affligés sa puissante intercession.

Que l'univers s'empresse de chanter la Gloire de Dieu le Pere: qu'il celebre à Jamais celle du fils: Gloire immortelle soit au saint Esprit dans tous les siecles. ainsi soit-il.

Abnuit summo Deus ax corpus Débitum coelo necis esse praedam: Alites adsunt, redivi, vaque astris Membra reportant.

Hic throno mater sedet eminenti celsior cunctis, minor at tonante hinc preces audit, populique rebus subvenit arctis.

Totus aeternum celebret parentem orbis: aeterni celebret parentis filium: par sit, tibi, laus per omne Spiritus aevum amen.

V. circumdedisti me latitiâ, Domine R. ut cantet tibi Gloria mea. Ps. 29.	V. Vous m'avez toute environnée de Joie, R. afin qu'au milieu de ma Gloire je chante vos louanges

A Benedictus.

Ant. Benedictus Dominus, qui creavit coelum et terram, qui te direxit in vulnera capitis principis inimicorum. Subvenisti Ruinæ ante conspectum Dei nostri. Judith, 13.	Ant. Béni soit le Seigneur qui a crée le ciel et la terre, qui a conduit votre main pour trancher la tête au chef de nos ennemis. Vous vous etes presentée devant Dieu pour nous empecher notre Ruine.

L'Oraison de la Messe

OFFICE
DU SAINT ROSAIRE
DE LA SAINTE VIERGE,
EN LATIN ET EN FRANÇAIS.

APPROUVÉ PAR M. DE BEAUMONT, ARCHEVÊQUE DE PARIS.

AUX PETITES HEURES.

Pseaumes et Hymnes du Dimanche, et à la fin de chaque Hymne, on dit la Doxologie :

Qui natus es, etc.

Jésus, qui êtes né, etc.

A PRIME.

Ant. Clamabat.

Au R. *br.* V. Qui natus es de Virgine.

Ant. Elle crioit.

Au R. *bref.* V. Qui êtes né.

CANON.

Ex Decreto Gregorii decimi-tertii in honorem sanctissimi Rosarii.

AD tantæ victoriæ à Christianis ope Rosarii de Turcis reportatæ memoriam conservandam, et ad gratias Deo et beatissimæ Virgini agendum, festum solemne sub nuncupatione Rosarii in primâ Dominicâ mensis Octobris, singulis annis perpetuis futuris temporibus per universi

Du Décret de Grégoire treize, Pape, en l'honneur du Saint Rosaire.

POur conserver la mémoire de la glorieuse victoire que les Chrétiens ont remportée sur les Turcs, par la vertu de la dévotion du Saint Rosaire; et pour en rendre d'éternelles actions de graces à Dieu et à la sainte Vierge : De la plénitude de notre autorité Apostolique, nous établissons à perpétuité une Fête solennel sous le nom de Notre Dame du Rosaire, qui sera célébrée chaque année le premier Dimanche du mois d'Octobre, par tous les Fidèles de l'un et de l'autre sexe, dans toutes les Églises du monde entier, où il y auroit un Autel ou une Chapelle du Rosaire, et l'Office s'en fera de rit Double-majeur, ainsi que dans les autres Solennités.

orbis partes in Ecclesiis in quibus Altate, vel Capella Rosarii fuerit, ab omnibus et singulis utriusque sexûs Christi fidelibus sub Duplicis-majoris Officio, ab instar aliarum Solemnitatum, de Apostolicâ potestatis plenitudine celebrandam, et sanctificandam decernimus. Tu autem.

A TIERCE.

Ant. De grands cris.

Ant. Clamor.

CAPITULE. *Sagesse*, 10.

ELle a délivré le peuple juste des nations qui l'opprimoient ; elle s'est élevée avec des signes et des prodiges contre les Rois redoutables : elle a conduit les justes par une voie admirable ; elle les a fait passer au travers des eaux profondes : elle a enseveli leurs ennemis dans la mer. Ainsi les justes ont remporté les dépouilles des impies. R. Rendons graces à Dieu.

POpulum justum liberavit à nationibus ; stetit contra Reges horrendos in portentis et signis, deduxit justos in viâ mirabili ; transtulit illos per aquam nimiam : inimicos autem illorum demersit in mare. Ideo justi tulerunt spolia impiorum. R. Deo gratias.

R. *br.* Il a précipité dans la mer les chariots,

R. *br.* Currus et exercitum*projecit in mare. Alleluia,

*Alleluia, allel. V. Electi principes ejus * submersi sunt in mare.* Alleluia, allel. Gloria Patri. Currus, etc.

et toute l'armée.* Alleluia, allel. V. Les plus grands d'entre ses princes ont été submergés dans la mer.* Alleluia, alleluia. Gloire au Pere. Il a précipité.

V. Dextera Domini magnificata est in fortitudine : R. Dextera Domini percussit inimicum. *Exod.* 15.

V. Votre droite, Seigneur, s'est signalée, et a fait éclater sa force : R. Votre droite a frappé l'ennemi de votre peuple.

L'Oraison de la Messe.

A LA PROCESSION.

R. NOtum fecit Dominus salutare suum : in conspectu gentium revelavit justitiam suam. * Recordatus est misericordiæ suæ, et veritatis suæ domui Israël. V. Beatum me dicent omnes generationes, quia fecit mihi magna qui Potens est, et sanctum nomen ejus. * Recordatus est. Gloria Patri.* Recordatus est. *Ps.* 97. *Luc*, 1.

R. LE Seigneur a fait connoître le salut qu'il nous réservoit : il a manifesté sa justice aux yeux des nations. * Il s'est souvenu de sa miséricorde; et de la vérité des promesses qu'il a faites à la maison d'Israël. V. Toutes les générations m'appelleront heureuse, parce que le Tout-puissant a fait en moi de grandes choses.* Il s'est. Gloire au Père.* Il s'est.

V. Salvavit eos propter nomen suum ; R. Ut notam faceret potentiam suam. *Ps.* 105.

V. Le Seigneur les a sauvés pour la gloire de son nom; ℟. Afin de faire connoître sa puissance.

Oraison.

O Dieu plein de miséricorde, daignez écouter favorablement les prières de vos serviteurs; afin qu'en nous réunissant ensemble pour célébrer la solennité du Saint Rosaire en l'honneur de la sainte Mère de Dieu toujours Vierge, nous obtenions de vous, par son intercession, la grace d'être préservés de tous les dangers dont nous sommes menacés, et d'être secourus par la puissance de votre grace; Par J. C.

SUpplicationem servorum tuorum, Deus miserator, exaudi; ut qui in solemnitate Sanctissimi Rosarii Dei genitricis et Virginis congregamur, ejus intercessionibus à te de instantibus periculis eruamur, et tuis potentibus auxiliis adjuvemur; Per Christum Dominum nostrum.

A LA MESSE.

Introit. *Judith*, 13.

LE Seigneur a accompli en moi, sa servante, la miséricorde qu'il a promise à la maison d'Israël; il a mis à mort par ma main l'ennemi de son peuple.

Ps. Louez tous le Seigneur, parce qu'il est bon; parce que sa miséricorde s'étend dans tous les siècles. Gloire au Pere. Le Seigneur.

IN me ancillâ suâ Dominus Deus adimplevit misericordiam suam, quam promisi domui Israël; et interfecit in manu meâ hostem populi sui.

Ps. Confitemini Domino, quoniam bonus; * quoniam in seculum misericordia ejus. Gloria Patri. In me. *Ps.* 117.

Collecte.

O Dieu, vous connoître est la consommation de la justice, et

DEus quem nas-e consummata justitia est, et cognoscere quem

misisti Jesum Christum unigenitum tuum, vita æterna : da nobis ejus Incarnationis, Passionis, et Resurrectionis sacra mysteria, ita sanctissimo beatæ Virginis Mariæ Rosario, piâ mente contemplari, et corde perfecto prosequi; ut beatam illam vitam, ipsâ Dei Genitrice, repetitis congratulationibus et supplicationibus, nobis benignâ, assequi valeamus; Per eumdem Dominum nostrum, etc.

connoître Jésus-Christ votre Fils unique que vous avez envoyé, est la vie éternelle : accordez-nous qu'en méditant avec piété, par le Saint Rosaire de la bienheureuse Vierge Marie, les mystères sacrés de l'Incarnation; de la Passion et de la Résurrection de ce divin Fils, nos esprits en soient si remplis, et nos cœurs tellement pénétrés, que, par la puissante intercesssion de cette sainte Mère de Dieu, que nous nous efforçons de mériter par les glorieuses félicitations et les humbles supplications que nous ne cessons de lui adresser, nous parvenions à cette heureuse vie; Par le même notre Seigneur Jésus-Christ, etc.

EPITRE.

Lectio libri Ecclesiastici. *Chap.* 24.

IN Deo honorabitur, et in medio populi sui gloriabitur, et in ecclesiis Altissi aperiet os suum, et in conspectu virtutis illius gloriabitur, et in medio populi sui exaltabitur, et in plenitudine sanctâ admirabitur, et in multitudine electorum habebit laudem, et inter

Du livre de l'Ecclésiastique.

ELle sera honorée en Dieu, sa gloire éclatera au milieu de son peuple; elle ouvrira sa bouche dans les assemblées du Très-Haut, et la force dont il l'a revêtue sera pour elle le sujet d'une grande gloire : elle sera élevée au milieu de son peuple, et elle sera admirée dans l'assemblée de tous les Saints. Elle recevra des louanges parmi la multitude des élus, et sera bénie de ceux qui seront bénis de Dieu. Elle dira : J'ai habité dans les lieux très-hauts, et mon trône est dans une colonne de nuée : J'ai pénétré la profondeur des abîmes, j'ai marché sur les flots de la mer ; j'ai parcouru toute la terre; j'ai eu l'empire sur tous les peuples et sur toutes les nations. Parmi toutes ces choses, j'ai cherché un lieu de repos, et une demeure dans l'héritage du Seigneur. Alors le Créateur de l'univers m'a parlé, et m'a fait connoître sa volonté. Celui qui m'a créée a reposé dans mon tabernacle, et il m'a dit : Habitez dans Jacob, qu'Israël soit votre héritage, et prenez racine dans mes élus. Je ne cesserai point d'être dans la suite de tous les âges, et j'ai exercé devant lui mon ministère dans la sainte demeure. J'ai été ainsi affermie dans Sion ; j'ai trouvé

benedictos benedicetur, dicens : Ego in altissimis habitevi, et thronus meus in columnâ nubis : profundum abyssi penetravi; in fluctibus maris ambulavi, et in omni terrâ steti, et in omni populo, et in omni gente primatum habui. In his omnibus requiem quæsivi, et in hæreditate Domini morabor. Tunc præcepit et dixit mihi Creator omnium : et qui creavi me requievit in tabernaculo meo, et dixit mihi : In Jacob inhabita, et in Israël hæreditare, et in electis meis mitte radices. Usque ad futurum seculum non desinam, et in habitatione sancta coram ipso ministravi. Et sic in Sion firmata sum, et in civitate sanctificatâ similiter requievi, et in Jerusalem potestas mea. Et radicavi in populo honorificato, et in parte Dei mei hæreditas illius, et in plenitudine sancta detentio mea. Quasi cedrus exaltata sum in Libano, et quasi cypressus in monte Sion. Ego quasi therebinthus extendi ramos meos, et rami mei honoris et gratiæ. Ego quasi vitis fructificavi suavitatem odoris. Ego mater pulchræ dilectionis, et timoris, et agnitionis, et sanctæ spei. In me omnis gratia viæ, et veritatis; in me omnis spes vitæ, et virtutis. Transite ad me, omnes qui concupiscitis me, et à generationibus meis implemini.

mon repos dans la cité sainte, et ma puissance est établie dans Jérusalem. J'ai pris racine dans le peuple que le Seigneur a honoré, dont l'héritage est le partage de mon Dieu, et j'ai établi ma demeure dans l'assemblée de tous les Saints. J'ai été élevée comme les cédres du Liban, et comme les cyprès de la montagne de Sion. J'ai étendu mes branches comme un thérébinthe, et mes branches sont des branches d'honneur et de gloire. J'ai poussé des fleurs d'une agréable odeur comme la vigne, et mes fleurs sont des fruits de gloire et d'abondance. Je suis la mère du bel amour, de la crainte, de la science et de l'espérance sainte. En moi est toute la grace de la voie et de la vérité; en moi est toute l'espérance de la vie et de la vertu. Venez à moi, vous tous qui me desirez avec ardeur, et remplissez-vous des fruits que je porte.

GRADUEL. *Ps.* 110. *Luc*, 1.

Redemptionem misit Dominus populo suo: mandavit in æternum testamentum suum: laudatio ejus manet in seculum seculi. V. Fecit mihi magna qui Potens est, dispersit superbos mente cordis sui: deposuit potentes de sede.

Le Seigneur a opéré la rédemption de son peuple: il a fait une alliance avec lui pour toute l'éternité: sa louange subsiste dans tous les siècles. V. Le Tout-Puissant a fait en moi de grandes choses, il a dissipé ceux qui s'élevoient d'orgueil dans les pensées de leur cœur: il a fait descendre les grands de leur trône, et il a élevé les petits.

Alleluia, alleluia.

V. Dieu est avec nous, il a signale sa puissance : louez le Seigneur notre Dieu, qui n'a point abandonné ceux qui ont espéré en lui. Alleluia.

Alleluia, alleluia.

V. Nobiscum est Deus qui fecit virtutem : laudate Dominum Deum nostrum ; qui non deseruit sperantes in se. Alleluia. *Judith*, 13.

PROSE.

L'Auguste solemnité ! En honorant aujourd'hui Marie, nous adorons l'Homme-Dieu, et nous glorifions les mystères de son amour envers les hommes.

QUæ festa dies agitur? Tota patet Relligio, Christus totus recolitur, Mariæ ministerio.

En publiant aujourd'hui avec tant d'allégresse ce que la charité immense du Fils, et la bonté de la Mère ont fait en notre faveur ; que les sentimens de la plus sincère et de la plus solide piété, pénètrent et remplissent nos cœurs.

Dulce Matris et Filii Sensus verbis exprimere ; Sed in arâ cordis pii Magis juvat induere.

Oh ! avec quelle joie le Verbe vient s'incarner dans le chaste sein d'une Vierge si pure ? Il n'est donné à nul homme de dire quelle est la sainteté du tabernacle où le Dieu fait homme vient habiter.

O quam libenter Virginem
Verbum in matrem accipit !
Quam sancte Verbum hominem
In se Maria suscipit !

Cette Vierge qui a conçu l'Éternel, traverse avec promptitude les montagnes de la Judée :

Scandit montes Virgo parens,
Numen onus dulcè premit :

In alvo matris residens,
Infans Joannes exilit.

Jean sanctifié par la présence du Sauveur des hommes, tressaille d'allégresse dans le sein d'Elisabeth.

E Virginali gremio
Æterna proles nascitur;
Jacentem in præsepio
Mater colit, amplectitur.

Le Messie engendré de toute éternité par son Père, naît dans le temps d'une Vierge; cette auguste Mere, dans le transport de son admiration et de son amour, l'adore dans la crêche.

Offert Maria Filium,
Jesus matri subducitur;
Patris implens officium,
In templo recognoscitur.

Fidelle à la Loi, incontinent elle le porte au Temple, et l'offre à Dieu son Père. C'est dans le Temple qu'elle le retrouve, lorsque pour accomplir le ministère dont il étoit chargé, il s'étoit absenté de sa compagnie.

Pro nobis factus hostia
Christus orat, prosternitur:
Versatur in agoniâ;
Venis cruor delabitur.

Jésus que son amour . rendu la victime volona taire pour nos péchés - prie prosterné en terre, il tombe dans une agonie cruelle; une sueur de sang découle de toutes les parties de son corps.

Illibatum crudelibus
Corpus flagellis ceditur;
Adorandum cœlitibus
Caput vepribus cingitur.

Ce corps innocent est déchiré par mille coups de fouets que de barbares bourreaux déploient sur lui avec la plus impitoyable fureur; sa tête sacrée est couronnée d'épines.

Ignem, verus Isaac, rit, -
Et lignum sacrificii:
Morte nos Deo parturit;
Fimus Mariæ Filii.

Victime ainsi préparée, il porte la croix qui doit être l'autel sur lequel il va être immolé. Isaac en fut autrefois la figure; Jésus accomplit la réalité de cet étonnant sacrifice : il y est attaché : il y expire. Par sa mort le droit à l'héritage de notre Père céleste nous est rendu. Par les dernières paroles de Jésus, Marie nous est donnée pour mère.

Bientôt il sort plein de gloire du tombeau : son triomphe est consommé, en s'élevant dans les Cieux par la vertu de sa divinité. C'est de-là qu'il envoye le Saint-Eprit sur la terre, et qu'il comble les hommes de tous ses dons.

Surgit Christus è tumulo,
Cœli conscendit attria ;
Dona, mirante populo,
Dat Spiritus cœlestia.

L'amour sacré dont le cœur de Marie est brûlé, brise les liens qui la retenoient sur la terre. Elle est enlevée dans le ciel, elle y est mise en possession de celui qu'elle a tant aimé : elle y reçoit la récompense de tant de sublimes et héroïques vertus qu'elle a pratiquées.

Repleta flammâ cœlitum
Ardet Maria Filium,
Amor resolvens Spiritum
Cœlo rependit præmium.

Oh ! qui pourroit exprimer les ravissemens, les extases, les transports de joie de cette auguste Mère, voyant dans toute sa gloire ce Fils si tendrement chéri ! Qui pourroit raconter tout ce que fait ce Fils tout-puissant pour une Mère si tendrement aimée, et si remplie de mérite !

O quæ Matris hilaritas,
Conspectâ Nati gloria !
Quæ Nati liberalitas,
Pro Matris excellentiâ !

Placée sur le trône le plus élevé, n'ayant que Dieu au-dessus d'elle, elle est le canal par où toutes les graces coulent avec abondance sur les hommes, et un rempart puissant contre tous leurs ennemis.

Assidens Nato proxima
Gratiarum fit alveus ;
Salutis potentissima
Adversus hostem clipeus.

Ipsâ favente, cæditur
Monstrum duplex maleficum :
Impius Turca vincitur,
Cadit genus hæreticum.

Par sa protection puissante, des monstres pleins de fureur furent terrassés. L'infidèle Musulman a vu ses plus puissantes flottes submergées, ses plus formidables armées mises en déroute, la détestable hérésie a vu ses autels sacriléges renversés.

Nos ergo cum fiducia,
Imitantes quod colimus,
Rogemus in angustiâ
Quam in matrem accepimus.

Pleins de confiance, adressons nos vœux à cette puissante Reine des cieux; mais pour être dignes de sa protection, imitons les vertus que nous honorons en elle.

Cum ipsâ castum filio
Paremus habitaculum,
Fortes, omne cum gaudio
Superemus obstaculum.

Que l'innocence de nos mœurs, la pureté de nos cœurs soient telles que Jésus aime à y faire sa demeure : soutenus par sa grace, surmontons avec courage tous les obstacles qui voudroient s'opposer à ce que nous vivions avec piété.

Nascamur omnes cum Deo,
Renovati per omnia;
Crescamus omnes cum eo
Ætate, sapientiâ.

Par un heureux changement naissons à une vie toute divine. Que Jésus naisse dans nos ames : comme lui, croissons tous les jours en fidélité, en sagesse, et en vertu.

Nostris accrescant flétibus
Christi cruoris flumina;
Figamus spinas cordibus,
Carne plectentes crimina.

Pleurons nos péchés; mêlons nos larmes au sang qu'a versé pour nous notre divin Rédempteur. Faisons pénitence : que les œuvres de la mortification chrétienne soient comme les épines qui percent et pénètrent nos cœurs.

Connoissant à quel prix nous avons été rachetés, portons tous les jours la Croix de Jésus. Mourons avec lui : mourons au monde, à nous-même, et à toutes nos convoitises. Imitons les exemples que Marie nous a donnés, marchons à sa suite.

Bajulemus Christi Crucem
Cruoris empti pretio ;
Mariam sequamur ducem,
Moriamur cum Filio.

Dégageons nos cœurs de toutes les affections pour les biens, les plaisirs du monde, pour toutes les choses de la terre. N'estimons, ne desirons que les biens spirituels : soupirons sans cesse après le bonheur du ciel, afin de mériter d'y arriver. Ainsi soit-il.

Abjectis sæcularibus
Quæramus spiritalia ;
Ut solutis corporibus
Consequamur cœlestia.
Amen.

EVANGILE.

Suite du saint Evangile selon saint Luc.

Sequentia sancti Evangelii secundum Lucam.

Chap. I.

EN ce temps-là ; l'Ange Gabriel fut envoyé de Dieu en une ville de Galilée appelée Nazareth, à une Vierge qu'un homme de la maison de David, nommé Joseph, avoit épousée; et cette Vierge s'appeloit Marie. L'Ange étant entré où elle étoit, lui dit : Je vous salue, ô pleine de grace, le Seigneur est avec vous : vous êtes be-

IN illo tempore; Missus est Agelus Gabriel à Deo in civitatem Galilææ cui nomen Nazareth, ad Virginem desponsatam viro cui nomen erat Joseph, de domo David ; et nomen Virginis, Maria. Et ingressus Angelus ad eam, dixit : Ave, gratiâ plena, Dominus tecum : benedicta tu in mulieribus. Quæ cùm audisset, turbata est in sermone ejus, et cogitabat qualis esset ista salutatio. Et ait Angelus ei: Ne timeas, Maria, invenisti enim gratiam apud Deum: Ecce concipies, et paries filium, et vocabis nomen ejus Jesum. Hic erit magnus, et Filius Altissimi vocabitur; et dabit illi Dominus Deus sedem patris ejus: et regnabit in domo Jacob in æternum, et regni ejus non erit finis.

nie entre toutes les femmes. Mais elle, l'ayant entendu, fut troublée de ses paroles, et elle pensoit en elle-même qu'elle pouvoit être cette salutation. L'Ange lui dit: Ne craignez point, Marie, car vous avez trouvé grace devant Dieu. Vous concevrez dans votre sein, et vous enfanterez un Fils à qui vous donnerez le nom de Jésus. Il sera grand, et sera appelé le Fils du Très-haut. Le Seigneur Dieu lui donnera le trône de David: il régnera éternellement sur la maison de Jacob, et son règne n'aura point de fin.

OFFERTOIRE. *Judith*, 13.

Confitemini Domino omnes, quoniam bonus; quoniam in seculum misericordia ejus. Universi adorantes, dixerunt: Benedixit te Dominus in virtute suâ, quia per te ad nihilum redegit inimicos nostros.

Rendez tous des actions de graces au Seigneur, parce qu'il est bon; parce que sa miséricorde s'étend dans tous les siècles. Alors tous adorant le Seigneur, dirent: Le Seigneur vous a bénie, il vous a revêtu de sa force, et il a détruit par vous tous nos ennemis.

SECRÈTE.

MUndet corda nostra, Domine, præsentium donorum sanctificator Spiritus tuus: et hanc solemnitatem Ro-

QUe votre esprit, Seigneur, qui sanctifie ces dons, purifie nos cœurs: et daignez favoriser de vos graces ceux

qui célèbrent la solennité du Rosaire en l'honneur de la bienheureuse Marie votre Mère ; afin que tandis que nous méditons ses sacrés mystères sur la terre, nous méritions après cette vie d'en recueillir et d'en goûter les fruits dans le ciel ; Vous qui vivez, etc.

sarii beatissimæ Virginis Mariæ Genitricis tuæ celebrantes, quæsumus, benigno favore prosequere ; quatenùs tua ipsius sacra mysteria contemplemur in terris, ut post hujus vitæ cursum eorum fructus percipere mereamur in cœlis ; Qui vivis.

PRÉFACE DE LA STE. VIERGE.

... Et dans la solennité du très-saint Rosaire de la bienheureuse Marie toujours Vierge.

... Et te in solemnitate sanctissimi Rosarii beatæ Mariæ semper Virginis, etc.

COMMUNION. *Soph.* 3.

Fille de Sion, chantez des cantiques de louanges : fille de Jérusalem, soyez remplie de joie, et tressaillez de tout votre cœur. Le Seigneur a effacé l'arrêt de condamnation : il a éloigné les ennemis. Le Seigneur, le roi d'Israël est au milieu de vous : vous ne craindrez plus à l'avenir aucun mal.

Lauda, filia Sion : lætare, filia Jerusalem. Abstulit Dominus judicium, avertit inimicos. Rex Israël in medio tui : non timebis malum ultrà.

POSTCOMMUNION.

O Dieu, dont le Fils unique nous a acquis par les mystères de sa vie, de sa mort et de sa résurrection, le droit au salut éternel ; accordez à ceux que vous avez nourris du pain céleste, dans cette solennité du saint

DEus, cujus Unigenitus per vitam, mortem et resurrectionem suam, nobis salutis æternæ præmia comparavit ; da nobis cœlesti pane in hâc solemnitate nutritis, ut hæc mysteria sanctissimo beatæ Mariæ Virginis Rosario recolentes, et imitemur quod continent, et quod promittunt assequamur; Per eumdem Dominum, etc.

Rosaire en l'honneur de la bienheureuse Vierge Marie, la grace de méditer avec fruits ces saints mystères; afin que nous imitions les vertus qu'ils renferment, et que nous parvenions à la gloire qu'ils nous promettent; Par le même notre Seigneur.

A SEXTE.

Ant. Misit Dominus.

Ant. La peste.

CAPITULE. 2. *Paralip.* 6.

FAmes, si orta fuerit in terrâ, et pestilentia, omnisque plaga et infirmitas presserit, si expanderit manus, tu exaudies de cœlo, de sublimi scilicet habitaculo tuo, et propitiare; ut timeant te, et ambulent in viis tuis cunctis diebus, quibus vivunt super faciem terræ. R. Deo gratias.

SI la famine et la peste viennent ravager la terre, et que le peuple se trouve pressé de toutes sortes de maux et de maladies, élevant ses mains vers vous, vous l'exaucerez du haut du ciel, ce lieu élevé de votre demeure, et vous lui serez favorable; afin qu'ils vous craignent et qu'ils marchent dans vos voies tous les jours qu'ils vivront sur la terre. ℟. Rendons graces à Dieu.

R. *br.* De necessitatibus eorum, * liberavit eos. * Alleluia, alleluia. V. Et eduxit eos de tenebris * et umbrâ mortis. * Alleluia, alleluia. Gloria Patri. De necessitatibus.

R. *br.* Il les a délivrés des nécessités pressantes où ils se trouvoient. * Alleluia, alleluia. V. Il les a fait sortir des ténèbres, et de l'ombre de la mort. * Alleluia, allel. Gloire au Père. * Il les a.

V. Il les a guéris, et les a tirés de la mort : R. Que les miséricordes du Seigneur soient le sujet de leurs louanges ; qu'il soit loué à cause des merveilles qu'il fait en faveur des enfans des hommes.

V. Eripuit eos de interitionibus eorum : R. Confiteantur Domino misericordiæ ejus, et mirabilia ejus filiis hominum. *Ps.* 106.

L'Oraison de la Messe.

A NONE.

Ant. Son souvenir.

Ant. In omni ore.

CAPITULE. *Isaïe*, 32, 33.

LA paix sera l'ouvrage de la justice : mon peuple se reposera dans la beauté de la paix, dans des tabernacles de confiance, et dans un repos plein d'abondance. Vous qui êtes loin de moi, écoutez ce que j'ai fait ; et vous qui êtes proche, reconnoissez les effets de ma puissance. Les pécheurs ont été épouvantés en Sion, la frayeur a saisi les hypocrites. R. Rendons graces à Dieu.

ERit opus justitiæ pax; et sedebit populus meus in pulchritudine pacis, et in tabernaculis fiduciæ, et in requie opulentâ. Audite, qui longè estis, et cognoscite, vicini, fortitudinem meam. Conterriti sunt in Sion peccatores, possedit tremor hypocritas.

R. Deo gratias.

R. *br.* Vous haïssez, ô mon Dieu, * tous ceux qui commettent l'iniquité. * Alleluia, alleluia. Vous haïssez. V. Vous perdrez tous ceux qui

R. *br.* Odisti, Domine, * omnes qui operantur iniquitatem. * Alleluia, alleluia. Odisti. V. Perdes omnes * qui loquuntur mendacium.

* Alleluia. Gloria Patri. Odisti.

profèrent le mensonge. * Alleluia. Gloire au Père. Vous haïssez.

V. Lætentur omnes qui sperant in te : R. Et gloriabuntur in te, omnes qui diligunt te. *Ps.* 5.

V. Que tous ceux qui mettent leur espérance en vous se réjouissent : R. Et tous ceux qui aiment votre saint nom se glorifieront en vous.

L'Oraison de la Messe.

AUX II. VESPRES.

Ps. 109. Dixit Dominus.

Ant. BEnedixit te Dominus, in virtute suâ, quia per te ad nihilum redegit inimicos nostros. *Judith*, 13.

Ant. LE Seigneur vous a bénie, il vous a soutenue de toute sa force, et il a renversé par vous tous vos ennemis.

Ps. 111. Laudate, pueri.

Ant. Benedicta es tu, filia, à Domino Deo excelso, præ omnibus mulieribus super terram. *Judith*, 13.

Ant. Vous êtes celle que le Seigneur, le Dieu Très-Haut, a bénie plus que toutes les femmes qui sont sur la terre.

Ps. 121. Lætatus sum.

Ant. Benedicta tu in mulieribus : invenisti enim gratiâ apud Deum *Luc*, 1.

Ant. Vous êtes bénie entre toutes les femmes : car vous avez trouvé grace devant Dieu.

Ps. 126. Nisi Dominus.

Ant. Non est in sermonibus tuis ulla repre-

Ant. Il n'y a rien à reprendre dans vos paroles. Nous vous supplions donc de prier pour nous, car vous êtes une femme sainte.

hensio. Nunc ergo ora pro nobis, quoniam mulier sancta es. *Judith*, 8.

Ps. 147. Lauda, Jerusalem.

Ant. Souvenez-vous des jours de votre abaissement : invoquez donc le Seigneur ; parlez pour nous au roi, et délivrez-nous de la mort.

Ant. Memorare dierum humilitatis tuæ : et tu, invoca Dominum ; et loquere Regi pro nobis, et libera nos de morte. *Esth.* 15.

CAPITULE. *Judith*, 15.

TOus d'une voix l'ont bénie, en lui disant : Vous êtes la gloire de Jérusalem : Vous êtes la joie d'Israël : Vous êtes l'honneur de votre peuple ; car vous avez agi avec un courage mâle, et votre cœur s'est affermi. La main du Seigneur vous a fortifiée, et vous serez bénie éternellement.

BEnedixerunt eam omnes unâ voce dicentes : Tu gloria Jerusalem : Tu lætitia Israël : Tu honorificentia populi nostri ; quia fecisti viriliter, et confortatum est cor tuum. Ideò et manus Domini confortavit te ; ideò eris benedicta in æternum.

R. Deo gratias.

HYMNE.

O Vous dont le cœur tendre a pu soutenir le spectacle d'un Fils expirant en croix ; vous qui avez partagé tous ses tourmens, daignez être sensible à nos vœux.

O Quam fecit amor cernere nati
Corpus funereâ de trabe pendens :
Mortis fida comes, fida dolorum
Consors, supplicibus flectere votis.

Maintenant que vous régnez au haut des cieux, vous ne voyez que Dieu au-dessus de vous ; vous

Nunc regina sedes addita cœlo,
Uno quippe minor facta Tonante,

Cum nato genitrix læta triumphas,
Et longos redimunt gaudia luctus.

participez au triomphe de votre Fils, et le bonheur dont vous jouissez vous dédommage des maux que vous avez soufferts.

Est concessa tibi summa potestas;
Mater namque Dei sola, repulsam
Nescis. Te facilem das quoque nobis,
Et gaudes totidem credere natos.

Votre puissance est sans bornes; Mère de Dieu, pourrriez-vous demander en vain. Vous aimez à exaucer nos prières, et vous nous chérissez comme vos enfans.

Te poscant miseris cladibus urbes
Afflictæ; fugiunt sæva malorum,
Morborumque cohors, diraque pestis:
Et flavæ segeres horrea rumpunt.

Que les villes vous réclament au milieu des fléaux qui les désolent, aussitôt vous exaucez leurs vœux : les maladies cessent; l'air a perdu sa malignité, et l'abondance succède aux horreurs de la famine.

Audebat patrios vertere ritus
Secta erroris amans, fregerat aras,
Multâ cæde ferox, victa nefandis
Armis Relligio spreta jacebat.

L'hérésie toujours vouée à l'erreur, marchoit avec orgueil sur les débris de l'ancienne doctrine; sa main sacrilége se baignoit dans le sang, renversoit les autels; la Religion alloit succomber sous ses coups impies.

At Maria suam lumine gentem
Despexit placido : corda rebelles

Marie jette un regard de mère sur son peuple; la discorde fait place à la paix; les temples sortent de leurs ruines, et le monstre qui les renversoit rentre au fond des enfers.

Deponunt animos, templa resurgunt :
Monstrum tartareis redditur antris.

Une nation infidèle, toujours ennemie du nom adorable de la croix, réunit tous ses efforts : Mère de grace, venez à notre aide ; le sang de nos ennemis va rougir les flots.

Insanæ rabies effera gentis,
Conjurata crucis tollere nomen,
Sævit : Mater, ades ; jamque rubebunt
Tincti sacrilego sanguine fluctus.

Combien de fois les peuples affligés n'ont-ils pas reçu des témoignages de votre puissante intercession ! La France sur-tout en a ressenti les effets, et sa reconnoissance en célébrera à jamais la mémoire.

Quid possis populi rebus in arctis
Non sensere semel : Gallia sensit
Præsertim, et meriti gratia tanti
Æternum memori pectore vivet.

Gloire au Père qui a voulu donner une Mère à son Fils : gloire au Fils dont une Vierge a été la mère : gloire au Saint-Esprit qui a rendu cette Vierge féconde.

Ainsi soit-il.

Divinæ Soboli qui dare matrem
In terris voluit, gloria Patri :
Cujus Virgo patens gloria Nato :
Quo fœcunda, tibi, gloria, Flamen. Amen.

V. Venez, mes enfans, écoutez-moi : R. Je vous enseignerai la crainte du Seigneur.

V. Venite, filii, audite me : R. Timorem Domini docebo vos. *Ps.* 33.

A MAGNIFICAT.

Ant. Je vous avertis de votre devoir comme mes très-chers enfans.

Ant. Ut filios meos carissimos moneo. Rogo ergo vos : Imitatores mei estote, sicut et ego Christi. 1. *Cor.* 4.

Soyez donc mes imitateurs, je vous en conjure, comme je le suis moi-même de Jésus-Christ.

L'Oraison de la Messe.
Mémoire du Dimanche occurent.

A COMPLIES.

Pseaumes du Dimanche.

Ant. Indue te decore et honore ejus quæ à Deo tibi est sempiternæ gloriæ. *Baruch*, 5.

Ant. Revêtez-vous de la beauté, et de l'honneur que vous départ le Dieu de la gloire éternelle.

Hymne, Virgo Dei Genitrix. *Capitule et* ℟. *bref, comme dans les différens Livres d'Offices.*

A NUNC DIMITTIS.

Ant. Qui creavit me, requievit in tabernaculo meo, et dixit mihi : In Jacob inhabita. Et sic in Sion firmata sum, et in plenitude Sanctorum detentio mea. *Eccli.* 24.

Ant. Celui qui m'a créée a reposé dans mon tabernacle, et il m'a dit : Habitez dans Jacob. J'ai été ainsi affermie dans Sion, et j'ai établi ma demeure dans l'assemblée de tous les Saints.

FIN.

DE L'IMPRIMERIE DE LEFEBVRE, RUE DE LILLE, No. 11.

www.ingramcontent.com/pod-product-compliance
Ingram Content Group UK Ltd.
Pitfield, Milton Keynes, MK11 3LW, UK
UKHW021549260726
13993UKWH00002B/733